新完全マスター語彙

日本語能力試験

語彙
N3

伊能裕晃・本田ゆかり・来栖里美・前坊香菜子　著

スリーエーネットワーク

Published by 3A Corporation.
Trusty Kojimachi Bldg., 2F, 4, Kojimachi 3-Chome, Chiyoda-ku, Tokyo 102-0083, Japan

ISBN978-4-88319-743-9 C0081

First published 2017
Printed in Japan

はじめに

　日本語能力試験は、1984年に始まった、日本語を母語としない人の日本語能力を測定し認定する試験です。受験者が年々増加し、現在では世界でも大規模の外国語の試験の一つとなっています。試験開始から20年以上経過する間に、学習者が多様化し、日本語学習の目的も変化してきました。そのため、2010年に新しい「日本語能力試験」として内容が大きく変わりました。新しい試験では知識だけでなく、実際に運用できる日本語能力が問われます。

　本書はこの試験のN3レベルの問題集として作成されたものです。

　新しい「日本語能力試験」では、語彙に関して、まず、以下の3点が、今までの試験と大きく変わりました。

①試験の出題範囲となる語が約10,000語から約15,000語に増えた。

②どの語が試験に出題されるかを示す語彙リストが非公開となった。

③日本語を学ぶ人が、どのような状況（目標言語使用領域）で、何のために（課題）、日本語を使うかという観点から、試験に出題される語彙の選び直しが行なわれた。

　そして、このような変化に対応できるよう、本書は、以下のような特徴を持っています。

■本書の特徴

①日本語能力試験の語彙選出過程で使用された資料と同様の資料を使用し、同様の手続きを踏んで、語彙（全1,024語）を選出したため、**試験で出題される可能性が高い語**が学べる。

②例文や問題の作成にあたり、インターネット上の大規模言語データーベース（**コーパス**）を用い、自然で有用性の高い日本語の文を示すようにした。

③語彙力を養成するために、試験と同じ形式の練習問題だけでなく、**多種多様な形式の練習問題**を用意し、様々な角度から語彙学習ができるようにした。

④日本語を学ぶ人がどのような状況で、何のために日本語を使うか（目標言語使用領域）を想定し、**話題別**に言葉を学ぶ章を設けた。（本書第1部）

⑤過去20年分の問題や新しい試験のサンプルなどを分析して、「言い換え類義」「オノマトペ」「語形成」など、様々な**性質別**に言葉を学ぶ章を設けた。（本書第2部）

　本書は今までにない特徴を備えた問題集だと自負しています。ぜひ手に取って、日本語の語彙力を磨くために、使っていただければ、と思います。

著者

目次 Contents 目录

実力養成編 Skills development　能力提高篇

第1部　話題別に言葉を学ぼう Part 1: Studying words by topic　第1部分 按照不同主题背单词

第2部 性質別に言葉を学ぼう Part 2: Studying words by characteristic 第2部分 按照不同词性背单词

模擬試験 Mock examination 模拟题

別冊 解答 Separate volume for answers 别册 答案

本書をお使いになる方へ

■本書の目的

この本の目的は二つです。

①日本語能力試験N3の試験に合格できるようにします。

②試験対策だけでなく、全般的な「語彙」の勉強ができます。

■日本語能力試験N3語彙問題とは

日本語能力試験N3は、「言語知識（文字・語彙）」（試験時間30分）、「言語知識（文法）・読解」（試験時間70分）と「聴解」（試験時間40分）の三つに分かれていて、語彙問題は最初の「言語知識」で出題されます。

N3の語彙問題は3種類あります。

1	文脈規定	前後の内容から（　）に入る言葉を選ぶ問題
2	言い換え類義	出題された語と似ている意味の言葉を選ぶ問題
3	用法	言葉の意味が正しく使われている文を選ぶ問題

■本書の構成

この本は、以下のような構成です。

実力養成編　第1部　話題別に言葉を学ぼう　21課
　　　　　　　　　　実力を試そう　　　　　　5回
　　　　　　第2部　性質別に言葉を学ぼう　8課

模擬試験　2回

索引　ふりがな付き、五十音順

別冊解答

詳しい説明をします。

第1部　話題別に言葉を学ぼう

日本語を勉強しているN3レベルの人が、どのようなときに日本語を使うかを考えて、話題を選んでいます。それぞれの課の内容は以下の通りです。

I．言葉を覚えよう ≫

1-1、2-1 ウォーミングアップ（20課・21課以外）

質問に答えながら、自分の語彙力をチェックしてください。

あなたは日本語を使って、質問に答えられますか。

1-2、2-2 言葉

話題に関係する語のリストと例文です。

N3で勉強する語は太字で書かれています。

翻訳を読んで、意味を確認してください。

また、試験には出ないかもしれないのですが、N3レベルの語で、その話題のときに、よく使われて、役に立つ語もリストに入れました。★を付けましたので、こちらもできるだけ一緒に覚えてください。

1-3、2-3 やってみよう

1-2、2-2 の「言葉」で勉強した語を（　）に入れて、文や言葉を作る問題です。文や言葉の中で、どのように語が使われるか確認しましょう。

Ⅱ．練習しよう ≫

語彙を勉強するための、いろいろな練習問題があります。

よく一緒に使う語を選ぶ問題、助詞の問題、少し長い文章や話を完成させる問題など、いろいろな問題を解きながら、語の形と意味と使い方を勉強していきましょう。

実力を試そう

試験と同じ形の練習問題です。自分の語彙力を確認してください。

20点満点の小テストとしても使えます。

第2部　性質別に言葉を学ぼう

「和語動詞」「副詞」「語形成」「言い換え類義」など、語の性質別に勉強ができるようになっています。それぞれの課の内容は以下の通りです。

Ⅰ．言葉を覚えよう ≫

1-1、2-1 言葉

性質別に選ばれた語のリストです。例文とともに語を覚えてください。

N3で勉強する語は太字で書かれています。

1-2、2-2 やってみよう

1-1、2-1 の「言葉」で勉強した語を（　）に入れて、文を完成させる問題です。

実際の文の中でどのように語が使われるか確認しましょう。

Ⅱ．練習しよう ≫

語の性質を勉強するための、いろいろな練習問題があります。

よく一緒に使う語を選ぶ問題、助詞の問題、語の使い方の間違いを直す問題など、いろいろな問題があります。問題を解きながら、語の性質を学んでいきましょう。

試験と同じ形の練習問題です。学んだ語が、どれだけわかっているか、確認してください。

模擬試験

本当の試験と同じ形の模擬試験が2回分付いています。

自分の今の実力を確認して、試験を受ける準備をしましょう。

索引

この本で勉強する、全部の語のリストです。

ひらがなが付いていますので、語を覚えるときにも使えます。

また、「する」を付けることができる語は「勉強（する）」のように、「する」を、な形容詞として使うことができる語には、「便利（な）」のように、「な」を付けました。よく確認してください。

★を付けた語は、試験には出ないかもしれないのですが、N3レベルの人が勉強しておいたほうがいい、役に立つ語です。こちらもできるだけ、勉強してください。

別冊解答

問題を解いた後、必ず確認してください。

■記号の使い方

　　　　　　　●の語を入れて使う。

A・B　　AとBは類義語である。

A／B　　AとBは、意味が異なるが、

　　　　　　入れ替えて使うことができる。

（　）　（　　）の前の語を別の形で表わしたもの。

（例）

⑤ ▢を提出する
● レポート／課題／卒業論文（卒論）
⑥ ▢を払う　● 授業料・学費
⑦ 大学の寮に住む
⑧ 一人で暮らす（一人暮らしをする）

■表記

漢字にはすべてひらがなで読み方が付いています。

■学習時間

自分一人で勉強する場合

第1部

「ウォーミングアップ」の後、「言葉」の翻訳を見ながら、語の意味を確認しましょう。必要なら、辞書やインターネットで調べてください。「やってみよう」を含め、15分から20分ぐらい時間がかかると思います。次に、「Ⅱ. 練習しよう」をしてください。20分ぐらいで

やってみましょう。慣れないうちは、30分以上かかるかもしれません。最後に、解答を確認してください。間違えた問題は、必ず辞書を調べて、間違えた理由を考えましょう。
「実力を試そう」も解いて、今まで勉強したところがわかっているか確認してください。

第2部

「言葉」の翻訳を見ながら、語の意味を確認しましょう。必要なら、辞書やインターネットで調べてください。「やってみよう」まですると、15分から20分ぐらい時間がかかると思います。

次に、「Ⅱ．練習しよう」をしてください。15分程度で終わると思います。

最後に、「Ⅲ．実力を試そう」をしてください。10分以内でできるように、頑張りましょう。

「Ⅱ．練習しよう」「Ⅲ．実力を試そう」が終わったら、解答を確認してください。間違えた問題は、必ず辞書などを調べて、間違えた理由を考えましょう。

教室で勉強する場合

第1部では、まず、「ウォーミングアップ」を行い、どの程度、既習語があり、どの語を新たに学ぶべきなのかを確認していきましょう。第1部、第2部ともに、「言葉」を確認していきますが、学生の理解度に応じて、さらに例文を補ってもよいと思います。学習する語がすべて新出語だった場合、第1部、第2部とも「言葉」の確認に30分以上の時間が必要となるでしょう。時間がなければ、「言葉」「やってみよう」を宿題として、予習させることにしてもかまいません。「Ⅱ．練習しよう」を実施するには、第1部は50分、第2部は30分程度の時間が必要でしょう。第2部の「Ⅲ．実力を試そう」も解答を解説しながらだと、30分程度の時間が必要になると思います。第1部、第2部ともに、2コマ（1コマあたり45分から50分）の授業で1課進むことを想定していますが、予習を前提とすれば、1コマの授業で1課を終えることもできるでしょう。

How to use this book

■ Purpose of this book

This book has two purposes.

① To help you pass the Japanese Language Proficiency Test for N3 examination.

② To help you study vocabulary generally, not just the words you need to pass examinations.

■ What vocabulary questions are asked in the Japanese Language Proficiency Test for N3 examination?

The examination is divided into three parts: Language Knowledge (Characters and Vocabulary) (30 minutes); Language Knowledge (Grammar) and Reading (70 minutes); and Listening Comprehension (40 minutes). Vocabulary-related questions come up in the first of the two Language Knowledge sections.

There are three categories of N3-level vocabulary question.

1	Context definition	You are required to choose words for insertion into the brackets (　) based on what comes before and after.
2	Synonyms for paraphrasing	You are required to choose words close in meaning to the featured words.
3	Usage	You are required to choose sentences in which words are correctly used.

■ How this book is structured

This book comprises the following parts:

Skills development	Part 1	Studying words by topic	21 sections
		Testing your proficiency	5 units
	Part 2	Studying words by characteristic	8 sections
Mock examination	2 units		

Index　In syllabic order, with kana readings provided

Answers are given in a separate volume

Here is a more detailed explanation.

Part 1　Studying words by topic

We have chosen topics relevant to situations that language learners at the N3 level will find themselves in.

The various sections are as follows:

Ⅰ. 言葉を覚えよう 》

1-1、2-1　ウォーミングアップ (Except for 20課 and 21課)

While answering the questions, see how good your command of vocabulary is.

Using Japanese, can you answer the questions?

1-2, 2-2 言葉

This comprises a list of key words and example sentences using them, all connected with the given topic.

Key words to be studied at the N3 level are in bold type.

Look at the English translation to be sure of the meaning.

Though it will probably not come up in the examination, we have also included a list of N3-level words in common use that are useful when discussing the topic in question. They are marked with ✪. Do your best to learn them together with the main words.

1-3, 2-3 やってみよう

1-2, 2-2 In this test, you to create sentences and words by inserting into the brackets words that you have studied in the 言葉 sections. This will show you how the words in the 言葉 sections are used in actual contexts.

Ⅱ. 練習しよう ≫

We have included a range of practice exercises for study of vocabulary.

Take note of word form, meaning and usage while answering the questions, which ask you to choose words commonly used in association with the main words in the 言葉 sections, and test your use of particles and composition of longer sentences and words.

実力を試そう

These are practice exercises which have the same format as the examination itself. Use them to see how good your command of vocabulary is.

Practice exercises can also be used as short 20-mark tests.

Part 2 Studying words by characteristic

This section enables study of words by characteristic, referring here to categories such as origin (*wago doshi* or indigenous Japanese verbs), adverbs, word-compounding and synonyms for paraphrasing.

Below is an explanation of each section.

Ⅰ. 言葉を覚えよう ≫

1-1, 2-1 言葉

This is a list of words chosen by characteristic. Memorize the words along with the example sentences. Words to be studied at the N3 level are in bold type.

1-2, 2-2 やってみよう

In this exercise, you complete sentences by inserting in the brackets words that you have studied in the 1-1, 2-1 言葉 section. This helps you check how words are used within actual sentences.

Ⅱ. 練習しよう ≫

A range of practice exercises are given for studying characteristics of words.

A range of questions cover choice of other words commonly used in association with the word in question, particles, and correction of errors in word usage.

Note the character of the words you are studying while doing the questions.

III. 実力を試そう 》

Practice exercises using the same format as the examination.

Check how well you have understood the studied words.

Mock examination

Two sets of mock examination questions are given, using the format of the actual examination.

Check your current proficiency and prepare for the examination.

Index

This is a list of all the words studied in this textbook.

Hiragana readings for characters are given in small type above, and these can also be used when memorizing words.

Please be sure to note that with verbs formed with する, such as 勉強(する), the する is added in brackets, as is the な after な -type adjectives like 便利(な).

Items marked with ★ are unlikely to come up in the examination, but N3-level students are advised to learn them, as they do come in useful. Do your best to learn these as well.

Separate volume for answers

Be sure to check after you have answered the questions.

■ Notes

What the symbols mean:

☐	Enter a word from below into the empty box to see how it is used in context.
A・B	A and B are synonyms.
A／B	A and B have slightly different meanings but substitute each other in usage.
( )	Terms in ( ) are variants of, or alternatives to, the terms they follow.

(Example)

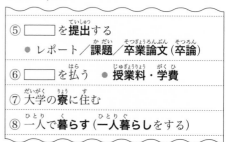

■ Use of *hiragana*

Kana readings are provided in superscript for all *kanji*.

■ Study timeframes

For those studying individually

Part 1

After completing ウォーミングアップ, look at the translations in 言葉 and be sure you know the meanings. If necessary, look up the words in the dictionary or online. Including やってみよう, this should take 15-20 minutes.

Then do Ⅱ．練習しよう, which you should spend about 20 minutes on. It will probably take you at least 30 minutes to familiarize yourself with this.

Finally, check the answers. When you make a mistake, be sure to check in the dictionary and find out the reason.

Complete 実力を試そう too and confirm that you have understood everything studied to date.

Part 2

While looking at the translation of 言葉, be sure you know their meaning. If necessary, look up the words in the dictionary or online. Up to the end of やってみよう, this should take 15-20 minutes.

Then do Ⅱ．練習しよう, which you should spend about 15 minutes on.

Finally, look at Ⅲ．実力を試そう. You should be able to complete this in 10 minutes. After you have finished Ⅱ．練習しよう and Ⅲ．実力を試そう, check your answers. When you make a mistake, be sure to check in the dictionary and find out the reason.

For those studying in class

In Part 1, go through ウォーミングアップ, and then check how much you have already studied and what words are to be learned from scratch. Check 言葉 of Part 1 and Part 2. Depending on student comprehension abilities, it might be a good idea to supplement this with further example sentences. If the words to be studied are all appearing at the first time, it will probably be necessary to spend at least 30 minutes confirming mastery of 言葉 in Part 1 and Part 2. If you are out of time, feel free to do some preparatory homework study of 言葉 or やってみよう. To complete Ⅱ．練習しよう, you will probably need around 50 minutes for Part 1 and 30 minutes for Part 2. You will need around 30 minutes for Ⅲ．実力を試そう in Part 2, with explanation of the answers. In both Part 1 and Part 2, we assume two units can be dealt with in one section (45-50 minutes per unit), but assuming that preparatory studies have been done, you should be able to finish one section within one unit.

致学习者

■本书编写目的

本书编写目主要是以下两点：

①帮助各位学习者通过日语能力考试N3级考试。

②本书不仅提供应试对策，还可以全面学习"词汇"。

■日语能力考试N3级别词汇问题

日语能力考试N3级考试分为"语言知识（文字、词汇）"（考试时间30分钟）、"语言知识（语法）·阅读"（考试时间70分钟）和"听力"（考试时间40分钟）三部分。其中词汇问题包含在最开始的"语言知识"部分中。N3级词汇问题包括三种类型：

1　文脉推断　根据上下文内容判断填入（　）内的词语

2　近义词选择　选择与题干意思相近的词语

3　用法选择　选择词语用法使用正确的句子

■本书结构

本书由以下部分构成：

能力提高篇	第1部分	按照不同主题背单词	21课
		能力测试	5次
	第2部分	按照不同词性背单词	8课
模拟题		2次	

索引　五十音顺序排列，标音

答案见别册

以下为详细说明：

第1部分　按照不同主题背单词

本部分话题是考虑到N3级水平的日语学习者会遇到的生活情境而确定的。每一课的内容如下：

Ⅰ. 言葉を覚えよう ≫

1-1、2-1　ウォーミングアップ（除20课、21课以外）

回答问题，检测自己的词汇量。

你能用日语回答提出的问题吗？

言葉<ruby>言<rt>こと</rt>葉<rt>ば</rt></ruby>

本部分包含与话题相关的词汇表和例句。

N3水平的单词为粗体字。

请对照中文翻译，核实单词的意思。

另外，即使不会出现在考试中但属于N3级水平、在话题中也会经常出现的有用单词，也列在了词汇表中。此类单词标有★号，也需要掌握。

1-3、2-3 やってみよう

将在 1-2、2-2 "词汇"部分学习的单词填入（ ）内，组成词语或者造句。通过这项练习，掌握单词在语句中的使用方法。

Ⅱ. 練習しよう ≫

这部分包括为学习单词而准备的各类练习题。

题型包括固定搭配使用词语的选择题、助词和选词填空完成稍长的文章完成稍长段落等。

通过这些练习，可以掌握词形、词义和词语用法。

実力を試そう

通过与实际考试形式相同的练习题，来检验自己的词汇能力。

也可以当作满分为20分的小测验使用。

第2部分　按照不同词性背单词

按照"和语动词""副词""复合词""近义词替换"等不同词性类别学习单词。

各课内容如下：

Ⅰ. 言葉を覚えよう ≫

1-1、2-1 言葉

本部分包含根据词性类别选出的词汇表，请与例句一起记下来。

N3级水平单词为粗体字。

1-2、2-2 やってみよう

字将在 1-1、2-1 「言葉」部分学习的单词填入（ ）内，完成句子。

通过这项练习，掌握单词在语句中的使用方法。

Ⅱ. 練習しよう ≫

这部分包括为学习单词词性而准备的各类练习题。

题型包括固定搭配词语的选择题、助词以及改错等。通过这些练习题，可以掌握单词的词性。

Ⅲ. 実力を試そう ≫

通过与实际考试形式相同的练习题，来检验已学习单词的掌握情况。

模拟题

这部分模拟题与真实考试的题型完全相同，分为两次。

请检测自己目前的实力，为参加考试做好准备。

索引

词汇表包括本书中学习过的所有单词。

单词标有平假名读音，方便记忆。

此外，サ变动词标有「する」（如「勉強(する)」），可以作为な形形容词使用的词语标有「な」（如「便利(な)」）。学习时请注意。

标有★号的单词不一定会出现在考试中，但十分实用，N3级水平的学习者也应该掌握。也请尽量掌握。

别册答案

答题后请务必核对答案。

■符号用法

☐	填入选项中的词语。
A・B	A和B为近义词。
A／B	A和B意思不同，但可替换使用。
（　）	用其他形式表示（　　）前的词语。

（例）

⑤ ☐ を提出する
● レポート／課題／卒業論文(卒論)

⑥ ☐ を払う ● 授業料・学費

⑦ 大学の寮に住む

⑧ 一人で暮らす（一人暮らしをする）

■表记

汉字都标有读音。

■学习时间

如果您是自学

第1部分

「ウォーミングアップ」之后，对照「言葉」部分，核对单词的意思。如有必要，也可以使用词典、网络等手段查找单词意思。这部分加上「やってみよう」部分大约需要15到20分钟。

接下来请完成「Ⅱ. 練習しよう」部分。请在20分钟左右内完成。刚开始阶段可能需要花费30分钟以上。最后请对照答案。做错的题请一定查词典，弄清自己错在何处。另外，请完成「実力を試そう」部分，检测自己是否已经掌握了学习的内容。

第2部分

对照「言葉」部分的翻译，核对单词的意思。如有必要，也可以使用词典、网络等手段查找单词的意思。这部分加上「やってみよう」部分大约需要15到20分钟。

接下来请完成「Ⅱ．練習しよう」部分。这部分大约需要15分钟。

最后，请完成「Ⅲ．実力を試そう」部分。请努力在10分钟以内完成。

完成「Ⅱ．練習しよう」「Ⅲ．実力を試そう」之后，请别忘记核对答案。做错的题目，请一定要查词典，弄清错在何处。

如果是课堂集体学习

在第1部分，首先完成「ウォーミングアップ」部分，核对自己已经掌握哪些单词，新学了哪些单词。第1部分、第2部分都会核对「言葉」部分。根据学生的理解程度，可以进一步补充一些例句。如果学习的单词均为新单词，则第1部分、第2部分的「言葉」部分都需要花费30分钟以上。如果没有时间，可以将「言葉」「やってみよう」部分作为作业让学生提前预习。而完成「Ⅱ．練習しよう」部分，第1部分需要约50分钟，第2部分需要约30分钟。第2部分的「Ⅲ．実力を試そう」部分，一边讲解一边做题，需要大约30分钟。第1部分、第2部分均需要两个课时（每个课时45分到50分钟）来完成一课的内容。但如果学生都进行了预习，则可以在一个课时内完成。

実力養成編
じつりょくようせいへん

第1部 話題別に言葉を学ぼう
だいぶ わだいべつ ことば まな

Ⅰ. 言葉を覚えよう ≫

1 家族と友達

1-1 ウォーミングアップ

あなたは兄弟がいますか。兄弟の中で何番目に生まれましたか。

1-2 言葉

① 私は [____] だ ● **長男／長女／末っ子** ● **一人っ子**	Eldest or elder son Eldest or elder daughter Youngest child Only child	长子 长女 最小的孩子 独生子女
② 彼は私の**いとこ**だ	Cousin	表兄弟，表姐妹，堂兄弟，堂姐妹
③ **孫**が生まれる	Grandchild	孙子，孙女
④ **そっくりな双子**	Expresses close resemblance 　(ideophonic word) Twins	一模一样 双胞胎
⑤ **親戚**が集まる	Relative	亲戚
⑥ **仲**のいい**夫婦**	Relationship, relations Married couple	关系 夫妻
⑦ 彼女は私の [____] だ ● **親友・親しい友人／恋人**	Close friend, best friend Close, intimate Friend Lover	好朋友 亲密 朋友 恋人
⑧ 仕事の**仲間**と遊びに行く	Colleague, friend, companion	伙伴
⑨ 結婚の**相手**を探す	Partner, rival, the other person	对象，对方
⑩ パーティーに**知り合い**を呼ぶ	Acquaintance	认识的人

1-3 やってみよう 「言葉」から太字の語を選んで、（　）に入れなさい。

(1) 私は（　　　　　　）だったので、兄弟が欲しかった。

(2) 田中さんと山田さんは、（　　　　　　）が悪くて、いつもけんかをしている。

(3) 私は（　　　　　）なので、兄や姉はいるが、弟や妹はいない。

(4) 林さんのうちの兄弟は、顔が（　　　　　）だ。

(5) 山口さんと森さんは小学校のころからの友達で、とても（　　　　　）そうだ。

(6) 田口さんは、お（　　　　　）さんには、とても優しいおじいさんだそうだ。

② 性格 _{せいかく}

2-1 ウォーミングアップ

あなたは、優しい人ですか。真面目な人ですか。自分はどんな性格だと思いますか。

2-2 言葉

① 性格が □□□□ ● いい／悪い／明るい／暗い ● 子供っぽい／男っぽい	Personal character Childish Manly	性格 孩子气 像男人样
② □□□□ 人 ● 大人しい／だらしない／冷たい／細かい	Meek, compliant Sloppy, lax	稳重 邋遢
③ □□□□ 人 ● 意地悪な／素直な／正直な／乱暴な／ わがままな／積極的な	Spiteful, ill-natured; spite Accommodating, unprotesting Honest, frank Rough, rude, violent Selfish Positive	坏心眼，使坏 诚实 正直 粗鲁 任性 积极
④ □□□□ 人 ● 落ち着いた／きちんとした／変わった	Calm, composed Neat, respectable	沉稳 靠谱
⑤ 彼は □□□□ がある ● 思いやり／ユーモア／勇気	Considerateness, thoughtfulness Sense of humor Courage	体贴 幽默 勇气
⑥ よく冗談を言う	Joke	玩笑
⑦ 自分の自慢をする	Act or speak boastfully	自夸，得意

2-3 やってみよう 「言葉」から太字の語を選んで、（　）に入れなさい。

(1) 田中先生は、（　　　　　　　）のある方で、話がとても面白い。

(2) 大人なのに、マンガを読んでいるのは、少し（　　　　　　　）と思う。

(3) 山田部長の（　　　　　　　）はつまらないので、笑えない。

(4) 上田さんは、とても（　　　　　　　）人で、部屋がいつも汚い。

(5) 自分のことをすごい、すごいとあまり（　　　　　　　）しないほうがいい。

(6) 結婚するなら、（　　　　　　　）がいい人がいいなあ。

II. 練習しよう ≫≫

1 ＿＿に似た意味の語を「言葉」の中から選び、必要なら形を変えて、（　）に入れなさい。

(1)　A：私のうちは、<u>男</u>ばかりの3人兄弟で、私が<u>一番上</u>だったんです。

　　　B：3人兄弟のご（　　　　　　　）だったんですね。

(2)　A：私も結婚したら、鈴木さんのお宅の<u>ご主人と奥さん</u>のようになりたいなあ。

　　　B：本当に仲がいい、ご（　　　　　　　）ですよね。

(3)　A：島田先生は、女の人だけど、声も大きいし、ご飯もよく食べるし、ちょっと<u>男</u>みたいなんですよね。

　　　B：少し（　　　　　　　）先生なんですね。

(4)　A：私が生まれたときには、<u>おじいちゃんもおばあちゃん</u>も、<u>おじさんもおばさん</u>もみんなが家にお祝いに来てくれたそうです。

　　　B：（　　　　　　　）の方がみんな来てくれたんですね。

(5)　A：その子は<u>私の母の兄弟の子供</u>なんです。

　　　B：じゃあ、あなたの（　　　　　　　）なんですね。

2 どんな人ですか。合う語を下の［　　　］の中から選びなさい。

［~~大人しい~~　きちんとした　素直　正直　積極的　わがまま］

(例)　田中さんはとても静かな人で、人とあまり話をしません。もう少し元気があったほうがいいなあ、と私は思います。→田中さんは（大人しい）人です。

(1)　私の兄は、嘘が嫌いで、本当のことだけを話す人です。→兄は（　　　　　　　）です。

(2)　山田さんの家のお子さんは、とてもいいお子さんで、親の言うことも先生の言うことも、何でも「はい」と言って、よく聞くんですよ。

　　　→山田さんのお子さんはとても（　　　　　　　）で、いいお子さんです。

(3)　村田さんは、物を片付けるのが上手で、部屋もとてもきれいですし、真面目で、約束の時間に遅れてくるようなこともありませんね。→村田さんは（　　　　　　　）人です。

(4)　林くんは、授業中によく手を上げるし、自分の意見もよく言うし、勉強の仕方をよく先生に質問したりしています。→林くんは（　　　　　　　）な学生です。

(5)　うちの7歳の息子は、買い物に行くと、すぐおもちゃを買ってと言うし、ちょっと歩くと、疲れたから休もうとか、お腹がすいたから、アイスを食べたいとか言うので、連れていきたくないんです。→息子は（　　　　　　　）です。

3 正しいほうを選びなさい。

(1) 子供のころ、兄によく意地悪を (a. された　b. もらった)。

(2) 旅行に行ったとき、中学生の男の子と知り合いに (a. した　b. なった)。

(3) その歌を聞いていたら、彼女に好きだと言う勇気が (a. して　b. 出て) きた。

(4) みんなが体の弱い人への思いやりを (a. する　b. 持つ) ようになってほしい。

(5) 私も海に遊びに行く仲間に (a. 入れて　b. 出して) ほしかった。

4 (　) に入る語を □ の中から選びなさい。

(1) ① 私たち兄弟は (　　　　) なのに、顔が似ていないとよく言われる。

② 金さんは日本人の (　　　　) が出来てから、急に日本語が上手になった。

③ まゆみさんは (　　　　) なので、お姉さんはいませんよ。

> a. 恋人　　b. 長女　　c. 双子

(2) ① 試合の (　　　　) は、私よりずっと背が高かった。

② 日本に来てからも、国の (　　　　) とはときどき連絡を取っている。

③ 親が子供に (　　　　) をするのはよくない。

> a. 相手　　b. 親友　　c. 乱暴

5 「言葉」の語を (　) に入れて、会話を作りなさい。最初の字はヒントです。

> 林：森さんは、結婚するんだったら、どんな人がいい？
>
> 森：う～ん、大人っぽい、(①おち ＿＿＿＿) 人がいいかな。(②こ ＿＿＿＿＿＿) 人は、
> 私、無理。あと、(③おも ＿＿＿＿) がある、優しい人だったら、もっといいかなあ。
>
> 林：へえ～。私は (④おと ＿＿＿＿) 人より、明るくて、元気な人がいいな。
> (⑤じょ ＿＿＿＿) とかいつも言っているような (⑥な ＿＿) がいい (⑦ふ ＿＿＿) に
> なりたいなあ。
>
> 森：ふ～ん。じゃあ、どんな人は嫌？
>
> 林：(⑧わ ＿＿＿＿ な) 人は困るなあ。
>
> 森：私は (⑨だ ＿＿＿＿＿) 人とは一緒に住めないと思う。

人間関係2：付き合い、気持ち

I. 言葉を覚えよう ≫

1 付き合い

[1-1] ウォーミングアップ

あなたは誰かを好きになったことがありますか。好きな人と何をしましたか。

[1-2] 言葉

① 独身の男性と ☐ ● 出会う／知り合う	Unmarried Meet Get to know	单身 遇见 结识
② 女性と付き合う	Associate with, go with	交往
③ 恋をする	Love	恋情
④ デートに誘う	Date Invite	约会 邀请
⑤ はっきり断る	Refuse, turn down	拒绝
⑥ 付き合いが続く	Relations; (romantic) relationship	（人际）关系,（与异性的）交往
⑦ 愛を感じる	Love Feel, sense	爱 感受到
⑧ 約束を ☐ ● 破る／守る	Break Keep, comply with	违（约） 守（约）
⑨ 彼を ☐ ● 疑う／許す	Doubt, suspect Allow, forgive, condone	怀疑 原谅
⑩ 顔をたたく	Hit, strike	打
⑪ 冷たい態度を取る	Attitude	态度
⑫ 彼に振られる	Be rejected, be cold-shouldered	（被恋人）甩
⑬ 夫と離婚する	Divorce (n); divorce (v)	离婚

[1-3] やってみよう 「言葉」から太字の語を選んで、（ ）に入れなさい。

(1) 女の人を食事に（　　　　　）のは初めてだった。

(2) 40歳になっても、（　　　　　）なので、親が心配している。

(3) 悪いのは私だけど、頭を（　　　　　）のはやめてほしい。

(4) 結婚して10か月で、もう（　　　　　）してしまった。

(5) 別の人が好きになったみたいで、最近、急に彼の（　　　　　）が変わった。

2 気持ち

ウォーミングアップ

いい映画を見たとき、どんな気持ちになりますか。つまらない映画のときは、どうですか。

2-2 言葉

① 先生の死を**悲しむ**	Mourn, be sad about 因……感到悲伤
② 失礼な客に**腹が立つ**	Get angry 生气
③ ☐☐☐を**感じる** ● **不安／恐怖**	Feel, sense 感到 / Unease, anxiety 不安 / Fear 恐惧
④ 夫に**不満**を持つ	Dissatisfaction, discontent 不满
⑤ 料理に**満足**する	Satisfaction; satisfy 满意
⑥ 試験に落ちて、**がっかり**する	Be disappointed 失望
⑦ 病気に**悩む**	Be troubled by 烦恼
⑧ どれを買うか、**迷う**	Be puzzled over 犹豫不决
⑨ 音楽に**感動**する	Being impressed; impress 感动
⑩ **感情**を外に出す	Emotion, feeling 感情
⑪ **感謝**の気持ちを持つ	Thanks, gratitude 感谢
⑫ 急に起こされて、**びっくり**する	Be surprised 吃惊，意外
⑬ 友達が急に家に来て、**慌てる**	Be flustered; do something in a flustered way 慌张，匆忙
⑭ 日本に行くことを**希望**する	Hope (n); hope (v) 意愿，希望
⑮ 結婚を**望む**	Look forward to 盼望

2-3 やってみよう 「言葉」から太字の語を選んで、（　）に入れなさい。

(1) 大きな地震が起きるかもしれないと思うと、とても（　　　　　　）だ。

(2) お世話になった下田さんには（　　　　　　）している。

(3) 私の家は、狭い家だが、特に（　　　　　　）はない。

(4) 何を食べたいか、みんなの（　　　　　　）を聞いてから、料理を作ることにした。

(5) とても上手なのに、山田さんは自分の絵に（　　　　　　）していないようだ。

II. 練習しよう ≫

1 どんな気持ちになりますか。合う語を下の[   ]の中から選びなさい。

[がっかり　~~感動~~　恐怖　腹が立つ　びっくり　迷う]

(例)　この映画は、長い間、会えなかった親と子がもう一度会うという話で、本当にいい映画でした。この映画を見たとき、私はたくさん泣いてしまいました。

→私は、この映画を見て、とても(感動)しました。

(1)　このお店は何でもおいしいんです。そばもおいしいし、うどんもおいしいし、どれにするか決められないなあ。→このお店に来ると、いつも(　　　　　)んです。

(2)　掃除をしようと思っているときに、掃除をしなさいとか、宿題をやろうとしているときに、宿題をしなさいとか、うちの母はよく言うんです。

→わかっているのに、言われると、(　　　　　)んです。

(3)　3か月前に別れた彼が毎朝、家の前に立っているんです。会う約束もしていないのに、町でよく彼に会います。いつも誰かに見られているような気がするんです。

→私は今、(　　　　　)を感じています。

(4)　誕生日パーティーをするとは言っていなかったのに、今日、家に帰って、ドアを開けたら、家族のみんなが歌を歌ってくれて、私にプレゼントをくれました。

→家族は私の誕生日を忘れていると思っていたので、(　　　　　)しました。

(5)　今日は田中さんがうちに来ると思って、部屋を掃除して、花を買って、おいしい料理も作ったんです。楽しみにしていたのに、急に田中さんがうちに来られなくなったんです。

→田中さんが来られなくなってしまって、(　　　　　)です。

2 (1)から(9)を時間の古いほうから新しいほうへ並べなさい。

(　2　)→(　　　)→(　　　)→(　　　)→(　　　)→(　　　)→(　　　)→(　　　)→(　　　)

(1)　渋谷で初めてデートをする。　　　(2)　パーティーで日本人の男性と知り合う。

(3)　3年間付き合う。　　　　　　　　(4)　夫が若い女性と付き合っていることがわかる。

(5)　日本で結婚をする。　　　　　　　(6)　夫を許すことができなくなる。

(7)　夫と離婚をする。　　　　　　　　(8)　夫が若い女性との付き合いをやめない。

(9)　夫が、毎晩、どこかに出かけるので、夫を疑うようになる。

3 ＿＿＿に似た意味の語を「言葉」の中から選び、必要なら形を変えて、（　　）に入れなさい。

(1) A：山田さん、前よりすごくきれいになっていて、驚きましたね。

　　B：ホントですよね。（　　　　　　　）しましたね。

(2) A：今日は寝坊したので、（　　　　　　　）ご飯を食べて、学校に来たんです。

　　B：急いで、食べると、体によくないですよ。

(3) A：デートに誘われても、嫌だったら、はっきり嫌だと言ったほうがいいよ。

　　B：（　　　　　　　）のは、悪いかなあと思って。

(4) A：森さんは、親に反対されても、ジムさんと結婚したいと言っているんです。

　　B：そんなに強く彼との結婚を（　　　　　　　）いるんですね。

4 （　　）に一番合うものをaからcの中から選びなさい。

(1) ① 恋に（　　　　　）　　　　　　a. 誘う

　　② 恋人に（　　　　　）　　　　　b. 振られる

　　③ 映画に（　　　　　）　　　　　c. 悩む

(2) ① 愛を（　　　　　）　　　　　　a. 悲しむ

　　② 約束を（　　　　　）　　　　　b. 感じる

　　③ 別れを（　　　　　）　　　　　c. 守る

5 「言葉」の語を（　　）に入れて、文章を作りなさい。最初の字はヒントです。

　私は去年の3月に日本に来ました。子供のころから、「ぜひ日本で日本語を勉強したい」と（①き＿＿）しておりましたので、こちらの学校に入りました。日本に来るのは初めてでしたので、最初はとても（②ふ＿＿）でした。授業が始まると、宿題もとても多かったので、少し（③びっ＿＿）したのですが、自分が（④の＿＿）で）、日本に来たのだから、頑張ろうと思い、勉強をしました。日本語の勉強は難しくて、ときどき（⑤な＿＿だ）こともありましたが、この学校で（⑥で＿＿た）友人や先生方が私を助けてくださって、勉強を続けることができました。先生方や友人たちには本当に（⑦か＿＿）したいと思います。私は、こちらの学校で勉強できたことに、今、とても（⑧ま＿＿）しております。1年間、どうもありがとうございました。

Ⅰ. 言葉を覚えよう ≫

1 家事

1-1 ウォーミングアップ

掃除や洗濯は好きですか。ほかに、毎日、どんな家の仕事をしていますか。

1-2 言葉

① 食器を洗う	Cutlery and dishes	餐具
② 汚れが落ちない	Dirt	污渍
③ 洗剤がなくなる	Detergent	洗涤剂
④ 服を汚す	Make dirty, soil	弄脏
⑤ Tシャツを畳む	Fold	折叠
⑥ 靴下をしまう	Put away, store	收起来
⑦ ☐ をかける ● 掃除機／アイロン	Vacuum cleaner Iron	吸尘器 熨斗
⑧ 家具を動かす	Furniture Move, shift	家具 移动
⑨ 床を拭く	Floor Wipe, mop	地板 擦拭
⑩ エアコンの調子が悪い	Condition, state	状态
⑪ テレビを修理に出す	Repair	修理
⑫ ゴミをリサイクルに出す	Recycling	循环再利用
⑬ 家事は面倒臭い	Housekeeping, domestic chores Tiresome, bothersome	家务 麻烦

1-3 やってみよう 「言葉」から太字の語を選んで、（　）に入れなさい。

(1) シャツに（　　　　　）をかけるのを忘れたので、今日は着ていけない。

(2) （　　　　　）が濡れているので、今、歩くと、靴下が濡れてしまう。

(3) 洗っても、洗っても、子供が服を（　　　　　）ので、困る。

(4) 新聞や雑誌は（　　　　　）に出すから、捨てないで、取っておいてください。

(5) ベッドの下にお金が入っちゃったんで、ベッドを（　　　　　）のを手伝ってよ。

(6) 掃除や洗濯など、（　　　　　）は夫婦で半分ずつやっている。

2 起きてから寝るまで

2-1 ウォーミングアップ

朝、起きてから寝るまで、1日の間にすることを話してみましょう。

2-2 言葉

言葉	英語	中国語
① 3時に目が**覚める**	Awaken	醒来
② □□□が出る ●**あくび／涙**	Yawn, yawning Tears	哈欠 眼泪
③ **睡眠**が足りない	Sleep	睡眠
④ **朝食**を取る	Breakfast	早饭
⑤ **化粧**をする	Make-up, cosmetics	化妆
⑥ ペットに**えさ**をやる	Petfood, feed (livestock)	饵食
⑦ 猫を**可愛がる**	Treat with affection	疼爱
⑧ **定期**を忘れる	Season ticket	月票
⑨ 会社に**遅刻**する	Lateness; be late	迟到
⑩ **携帯電話**の**電池**が**切れる**	Mobile phone, cellphone Battery Run out, expire	手机 电池 没了，耗尽
⑪ **退屈**な仕事	Boring; boredom	无聊
⑫ 12時に**帰宅**する	Return (n); go back home (v)	回家
⑬ 妻に**文句**を言われる	Complaint, grumbling	抱怨
⑭ **疲れ**が取れない	Fatigue, tiredness	疲劳
⑮ **毛布**をかける	Blanket	毛毯

2-3 やってみよう 「言葉」から太字の語を選んで、（ ）に入れなさい。

(1) 朝、忙しかったので、猫に（　　　　　）をやるのを忘れた。

(2) 昨日、あまり寝ていないので、（　　　　　）が止まらない。

(3) 仕事がたくさんあったので、（　　　　　）が遅くなった。

(4) 時計の（　　　　　）が切れてしまったので、今日は持っていかない。

(5) 目に入ったゴミが取れなくて、（　　　　　）が出てきた。

Ⅱ. 練習しよう ≫

1 これから友達が来ます。絵を見て、しなければならないことを書いてください。

(1) _____

(2) _____

(3) _____

(4) _____

(5) _____

2 ＿＿に似た意味の語を「言葉」の中から選び、必要なら形を変えて、（　）に入れなさい。

(1) A：パソコンを<u>直して</u>くれるお店を知りませんか。

   B：ヤマダカメラに持っていけば、（　　　　　　）してくれますよ。

(2) A：会議が（　　　　　　）で、眠くて、眠くて、大変でした。

   B：そんなにつまらない会議だったんですか。

(3) A：昨日は飲み過ぎちゃって、目が（　　　　　　）ら、昼の12時だったよ。

   B：そんなに遅く、<u>起きた</u>んだ。

(4) A：この掃除機、よく<u>吸わ</u>ないんだけど。どこか<u>具合</u>が悪いのかな。

   B：最近、（　　　　　　）が悪いみたいだよ。

(5) A：いすやベッドを<u>捨て</u>たいときは、どうすればいいんですか。

   B：（　　　　　　）を捨てたいときは、役所に一度連絡してください。

3 正しいほうを選びなさい。

(1) 1日に8時間は睡眠を (a.し　b.取り) たい。

(2) ズボンに (a.付いた b.止まった) 汚れがなかなか取れない。

(3) 朝、起きても、まだ、疲れが (a.止まって b.残って) いる。

(4) 洗剤が (a.切って b.切れて) いたので、スーパーで買ってきた。

(5) テレビが面白くないので、退屈 (a.して b.にして) いた。

4 ( )に入る語を□の中から選びなさい。

(1) ① スープを作ったら、味が薄いと (　　　) を言われた。
　　② 電車に乗ったら、電車の中で (　　　) をしている人がいて、驚いた。
　　③ (　　　) を無くすのは、これで3回目だ。

　　　a.化粧　　　b.定期　　　c.文句

(2) ① 森田さんは、毎朝、(　　　) くるので、いつも先生に怒られている。
　　② 料理を作るのが (　　　)、いつもコンビニでお弁当を買っている。
　　③ 田村さんは、犬を3匹飼っていて、とても (　　　) いる。

　　　a.可愛がって　　　b.遅刻して　　　c.面倒臭くて

5 「言葉」の語を ( )に入れて、文章を作りなさい。最初の字はヒントです。

10月23日(水)　今日は、朝の5時に目が(①さ ＿ て)しまった。もう秋なので、寒くて、目が(①) しまったのだ。今日は、(②す ＿＿＿) が足りなくて、一日中、(③あ ＿＿) ばかりしていたので、下田先生に怒られてしまった。怖かったなあ。寒くないように、(④も ＿＿) を出したので、今日は早く寝よう。

10月25日(金)　昨日は、友達と渋谷で飲んで、1時に(⑤き ＿＿)。久しぶりに、ゆう子やはる子と会えて、楽しかった。今朝は、学校に (⑥ち ＿＿) しそうになったので、(⑦ちょ ＿＿＿) を取らずに、学校に行った。午前中はお腹がすいて、大変だったので、昼はハンバーガーとうどん。ちょっと食べ過ぎた。

10月26日(土)　今日は一日掃除。(⑧か ＿) を (⑨う ＿＿ て)、(⑧)の下も (⑩そ ＿＿＿) をかけて、部屋がすごくきれいになった。気持ちいい。

Ⅰ．言葉（ことば）を覚（おぼ）えよう ≫

1 料理（りょうり）

[1-1] ウォーミングアップ

どんな料理（りょうり）が好（す）きですか。それはどんな味（あじ）ですか。どうやって、作（つく）りますか。

[1-2] 言葉（ことば）

言葉	英語・中国語
① 皮（かわ）をむく	Peel, rind *(n)*　皮 / Peel *(v)*　削（皮）
② 砂糖（さとう）を加（くわ）える	Add　加入
③ 材料（ざいりょう）を混（ま）ぜる	Materials, ingredients　原材料 / Mix, stir　攪拌
④ 鍋（なべ）で煮（に）る	Hotpot　锅 / Simmer　煮
⑤ 油（あぶら）で揚（あ）げる	Oil, grease　油 / Fry　炸
⑥ 容器（ようき）に移（うつ）す	Container　容器 / Move　移动（到其他容器等）
⑦ 冷蔵庫（れいぞうこ）で保存（ほぞん）する	Storage; store, keep　保存
⑧ 野菜（やさい）が腐（くさ）る	Go bad, spoil　腐烂
⑨ 生（なま）で食（た）べる	Raw　生鲜，没熟
⑩ ☐味（あじ）　● 酸（す）っぱい／濃（こ）い／しつこい	Acidic, sour　酸 / Rich, heavy (taste)　醇厚 / Too rich, cloying　浓腻
⑪ 肉（にく）が☐　● 軟（やわ）らかい／固（かた）い	Soft, supple　（肉）柔软
⑫ 香（かお）りがいい	Aroma, fragrance　香味
★ ☐を片付（かたづ）ける　● 皿（さら）／包丁（ほうちょう）／フライパン	Kitchen knife, cleaver　菜刀 / Frying pan　平底锅

[1-3] やってみよう　「言葉（ことば）」から太字（ふとじ）の語（ご）を選（えら）んで、（　）に入（い）れなさい。

(1) ステーキの中（なか）が、まだ、焼（や）けていなくて、（　　　　　　）だった。

(2) この紅茶（こうちゃ）は、飲（の）んだとき、とても（　　　　　）がいい。

(3) 歯（は）が痛（いた）くて、（　　　　）ものしか食（た）べられない。

(4) カレーを作（つく）る（　　　　）を買（か）うために八百屋（やおや）に寄（よ）った。

(5) 太（ふと）るから、（　　　　）を取（と）り過（す）ぎないほうがいいと言（い）われた。

② 食事

2-1 ウォーミングアップ

友達とレストランに晩御飯を食べに来ました。どんなことをしますか。

2-2 言葉

① お腹が**ぺこぺこ**だ	Famished (ideophonic word)	饿坏了
② 喉が**からから**だ	Parched (ideophonic word)	（嗓子）干巴巴
③ **高級**なレストランに行く	High-class, upmarket, luxury	高级的
④ **メニュー**から選ぶ	Menu	菜单
⑤ **栄養**の**バランス**を考える	Nutrition, diet Balanced	营养 均衡
⑥ 料理を**注文**する	Order (n); order (v)	点餐
⑦ ポテトを**追加**で頼む	Extra helping, extra portion	追加（点菜等）
⑧ ビールで**乾杯**する	Toast; say "cheers," drink a toast	干杯
⑨ お酒に**酔う**	Get drunk	喝醉
⑩ **舌**を**火傷**する	Tongue Burn, scald (n); burn, scald (v)	舌头 烧伤，烫伤
⑪ 野菜を**残す**	Leave (uneaten)	吃剩，留下
⑫ 食事の**マナー**を教える	Manners	礼仪
⑬ **支払い**が**済む**	Payment	支付
⑭ **食費**がかかる	Cost of board, meal cost	伙食费
★ ☐☐☐を食べる ● お弁当／おかず／おにぎり／お菓子	Side-dish *Onigiri*, rice-ball Confectionery	菜肴 饭团 点心

2-3 やってみよう 「言葉」から太字の語を選んで、（　）に入れなさい。

(1) 時間がなかったので、急いで食べていたら、（　　　　　　　）をかんでしまった。

(2) 青山さんは、お酒を飲んで、（　　　　　　　）と、必ず歌を歌い始める。

(3) 熱いフライパンに触って、手を（　　　　　　　）してしまった。

(4) 2時間も何も飲まないで歩いてきたので、喉が（　　　　　　　）だ。

(5) 外で食べないで、家で料理をしているので、（　　　　　　　）が前よりかからない。

Ⅱ. 練習しよう ≫

1「リンゴジャムの作り方」です。絵を見て、することを書いてください。

(1) 　(2) 　(3)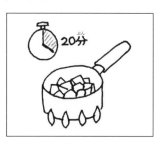

(4) 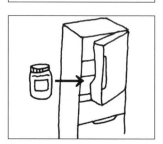　(5)

(1) ＿＿＿＿＿＿＿＿＿＿＿＿＿＿＿＿＿＿＿＿＿＿＿＿＿

(2) ＿＿＿＿＿＿＿＿＿＿＿＿＿＿＿＿＿＿＿＿＿＿＿＿＿

(3) ＿＿＿＿＿＿＿＿＿＿＿＿＿＿＿＿＿＿＿＿＿＿＿＿＿

(4) ＿＿＿＿＿＿＿＿＿＿＿＿＿＿＿＿＿＿＿＿＿＿＿＿＿

(5) ＿＿＿＿＿＿＿＿＿＿＿＿＿＿＿＿＿＿＿＿＿＿＿＿＿

2 （　）に入る語を◻の中から選びなさい。

(1) ① 今日のパーティーでは、水谷先生が（　　　）の挨拶をしてくださる。

② ビールがなくなったので、もう3本（　　　）した。

③ 晩御飯の（　　　）を毎日、考えるのは大変だ。

　　a.乾杯　　b.追加　　c.メニュー

(2) ① 納豆は、食べる前によく（　　　）と、おいしくなりますよ。

② おととい買った魚、（　　　）前に食べたほうがいいよ。

③ 天ぷらを（　　　）には、油がたくさん要ります。

　　a.揚げる　　b.混ぜる　　c.腐る

3 正しいほうを選びなさい。

(1) 病気の後だから、栄養をたくさん (a. 食べた　b. 取った) ほうがいい。

(2) 食事のマナーを (a. し　b. 守れ) ない人には、何も食べさせません。

(3) その店では、注文を (a. 受けて　b. 引いて) から、料理を作り始める。

(4) 肉料理を食べるときには、サラダも頼んで、栄養のバランスを (a. する　b. 取る) ようにしている。

(5) たくさん運動をしたら、お腹がぺこぺこ (a. した　b. になった)。

4 (　) に一番合うものをaからeの中から選びなさい。

(1) 焼き過ぎてしまったので、肉が (　　　)。　　　a. 濃くなり過ぎた

(2) 10日前に買った牛乳を飲んでみたら、(　　　)。　　b. しつこかった

(3) しょう油を入れ過ぎて、味が (　　　)。　　　　c. 固かった

(4) そのスープはバターが多過ぎて、(　　　)。　　　d. 軟らかくなった

(5) 5時間も煮たので、肉がとても (　　　)。　　　e. 酸っぱかった

5 「言葉」の語を (　) に入れて、文章を作りなさい。最初の字はヒントです。

> 　先週、日本に来て初めて、「すし屋」に行った。私の国にも、すしの皿が回ってくる店はあるが、お店の人にすしを (①ちゅ ＿＿ ＿) しながら、食べる店はない。(②な ＿) の魚は嫌いだという人もいるが、私は好きで、すしが回らない「本当のすし屋」にぜひ行ってみたかった。先週、日本人の友達が東京の銀座にある「すし屋」に連れていってくれた。その店は、とても (③こ ＿＿＿＿) そうな店だった。店に入っても、どこにも (④メ ＿＿＿) がなかった。(④) を見るのではなく、前に並んでいる魚を見て、頼むのだそうだ。(④) がないと、値段がわからないが、値段を聞かないのが (⑤マ ＿＿) だそうだ。いくら払うかは (⑥し ＿＿＿) のときにならないと、わからない。値段がわからないまま、食べるのは、すごく怖かった。すしはどれもおいしかったが、とても固い貝が出てきて、それだけは (⑦の ＿＿ て) しまった。日本酒を頼んで、友達と (⑧か ＿＿＿) して、たくさん飲んだ。おいしいお酒だったので、(⑨つ ＿＿) で2本も頼んで、大分 (⑩よっ ＿) しまった。帰るときに、「67,000円です」と言われて、びっくりした。高過ぎる！

Ⅰ. 言葉を覚えよう 》

1 家

1-1 ウォーミングアップ

将来、どんな家に住みたいですか。部屋はどんなふうにしたいですか。

1-2 言葉

① 自宅を建てる	Own home　自己家
② 家を設計する	Design (n); design (v)　设计
③ 工事が遅れる	Construction works　施工，工程
④ 建築中の家	Construction, building　建筑，建筑物
⑤ マンションの建設が進む	Apartment building　公寓 Construction　建设
⑥ 家が▢ ● 建つ／完成する	Go up, be erected　（楼房等）建造 Completion; complete　完成
⑦ 土地の価値が上がる	Land　土地 Value　价值
⑧ 地下に部屋を造る	Underground　地下 Build　建造
⑨ 屋根を直す	Roof　屋檐
⑩ インテリアを選ぶ	Interior (design)　室内装饰
⑪ 机を置くスペースがない	Space　空间
⑫ デザインがいい家具	Design　设计 Furniture　家具
⑬ 部屋の中がすっきりする	Neat, cleanly designed　整洁

1-3 やってみよう 「言葉」から太字の語を選んで、（　）に入れなさい。

(1) 家の隣の（　　　　　）に、新しくビルが出来た。

(2) 家が（　　　　　）したら、みんなを招待したいと思う。

(3) 明日から私の家を建てる（　　　　　）が始まる。

(4) （　　　　　）が可愛くないものは、部屋に置きたくない。

(5) （　　　　　）図に間違いが見つかって、工事ができなくなった。

(6) 玄関の横に、1階から（　　　　　）へ降りる階段がある。

② 引っ越し

[2-1] ウォーミングアップ

アパートを借りるとしたら、どんな部屋に住みたいですか。

[2-2] 言葉

① 町の**中心**に住む	Center　　中心
② **商店街**が近い	Shopping district　　商業街
③ 外国人が多い**地区**	District, neighborhood　　地区
④ 駅から ☐ ● **かなり**遠い・**距離**がある	Rather, substantially, considerably　　非常 Distance　　距离
⑤ 6**畳**の部屋	*Tatami* (floorspace measuring unit; 1m² = 0.6 *tatami*)　　张（榻榻米的量词）
⑥ 日が**当たる**	Catch (the sun)　　日照，向阳
⑦ **日当たり**がいい	Sunshine　　光照
⑧ 西**向き**の窓	-facing　　〜朝向
⑨ 長い**影**が出来る	Shadow, shade　　阴影
⑩ 風呂 ☐ のアパート ● **付き／なし**	Equipped, furnished with 〜　　附带〜 〜 is unavailable, not included　　不附带〜
⑪ **引っ越し**を手伝う	Moving house, relocation　　搬家
⑫ 床に**傷**が付く	Floor　　地板 Scratch, blemish　　（地板墙壁等）刮痕 Cause (a scratch)　　有（刮痕）
⑬ **家賃**を払う	Rent　　房租

[2-3] やってみよう 「言葉」から太字の語を選んで、（　）に入れなさい。

(1) 野菜は、スーパーよりも（　　　　　）で買ったほうが安いと思う。

(2) 部屋は狭いのに、毎月6万円も（　　　　　）を払わなければならない。

(3) 家具を買っている時間がないので、家具（　　　　　）のアパートに住むことにした。

(4) 冷蔵庫を運んでいて、ドアに（　　　　　）を付けてしまった。

(5) 私の部屋は、午前中はよく日が（　　　　　）ので、冬でも暖かい。

(6) 私の家は、午後になると、隣の病院の建物の（　　　　　）に入ってしまうので、暗い。

II. 練習しよう ≫≫

1 部屋を借りたいと思っています。絵を見て、どんな部屋か書きなさい。

(1) メゾン渋谷　506号室   (2) 幸福荘　103号室

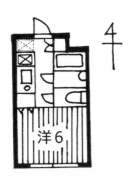 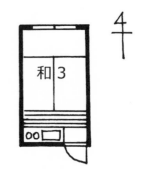

① 部屋は＿＿＿＿＿＿＿畳   ① ＿＿＿＿＿＿＿＿＿＿

② 窓は＿＿＿＿＿＿＿向き   ② ＿＿＿＿＿＿＿＿＿＿

③ ＿＿＿＿＿＿＿＿付き   ③ ＿＿＿＿＿＿＿＿＿＿

④ 日当たりが＿＿＿＿＿   ④ ＿＿＿＿＿＿＿＿＿＿

2 ＿＿＿に似た意味の語を「言葉」の中から選び、必要なら形を変えて、（　）に入れなさい。

(1) A：私の町は、教会が町の真ん中にあって、その周りにお店や家があります。

     B：教会を（　　　　　　　）にして、町が出来ているんですね。

(2) A：学校の近くで工場が（　　　　　　　）中で、今、すごくうるさいんです。

     B：実は私の家の近くでも工場を建てていて、やっぱりすごくうるさいですよ。

(3) A：この人形は、本当は部屋の中に飾るものではなくて、家の外に置いておくものなん

        だそうです。

     B：そうですか。でも、（　　　　　　　）にもいいですね。

(4) A：先生の家に行ったんですが、駅から大分歩きましたよ。

     B：先生の家は駅から（　　　　　　　）遠いんですね。

(5) A：家族が増えたので、もっと大きい家に移ることにしたんです。

     B：そうなんですか。いつ（　　　　　　　）をされるんですか。

3 正しいほうを選びなさい。

(1) 家具を動かして、テーブルを置くスペースを（a.作った　b.持った）。

(2) 私の町は古くからある町なので、古い (a.建設　b.建築) がたくさん見られる。

(3) 50年前に建てられた、壊れた家なので、家の価値は (a.狭い　b.低い) と思う。

(4) すっきり (a.した　b.な) デザインの家具が好きだ。

(5) 雪が多い町なので、冬になると、屋根に (a.進んで　b.登って)、雪を下に落とさなければならない。

4 （　）に入る語を ◯ の中から選びなさい。

(1) ① 私が生まれた (　　　) には、美術館や図書館がたくさんあった。

② 会社から (　　　) が近いところに引っ越しすることにした。

③ (　　　) を売って、田舎に引っ越しすることにした。

```
a.距離　　b.自宅　　c.地区
```

(2) ① 今、新しい橋を (　　　) いるので、それが出来れば、駅まで近くなる。

② アパートを出るときに、壁に汚れが (　　　) いると言われ、お金を取られた。

③ 最近、この町には、新しいビルがどんどん (　　　) いる。

```
a.建って　　b.付いて　　c.造って
```


5 「言葉」の語を（　）に入れて、文章を作りなさい。最初の字はヒントです。

国にある (①じ ＿＿) の建物は、(②か ＿＿) 古いビルです。1908年に (③か ＿＿＿) したそうなので、ビルが (④たっ＿) からもう100年以上になります。私の家は、3階にありますが、借りている家ではなく、買った家です。日本語で言えば、(⑤マ ＿＿＿＿) です。このビルは、町の (⑥ちゅ ＿＿＿) に近くて、(⑦しょ ＿＿＿＿＿＿) がある (⑧ち ＿) にあるので、生活はしやすいです。私の家はちょうど南 (⑨む ＿) で、とてもよく日が (⑩あ ＿＿) ます。家の (⑪せっ ＿＿) が古いので、シャワーはありますが、風呂 (⑫な ＿) です。あと、物をしまう (⑬ス ＿＿＿) があまりないので、(⑭か ＿) を置いて、しまうようにしています。日本では、家が古くなると、(⑮か ＿) が下がると聞きましたが、私の国では、古い家を直しながら、住むのが普通です。私は、ずっと、この家に住みたいと思っています。

1.（　）に入れるのに最もよいものを、1・2・3・4から一つえらびなさい。(1点×8)

1 約束を（　　）のはよくないことです。

　　1 守る　　　　　　2 壊す　　　　　　3 無くす　　　　　4 破る

2 この部屋に赤ちゃんのベッドを置く（　　）を作りましょう。

　　1 インテリア　　2 マンション　　3 スペース　　　　4 デザイン

3 近くの商店（　　）で買い物をした。

　　1 街　　　　　　2 町　　　　　　　3 通り　　　　　　4 道

4 かまなくてもいいぐらい、肉も野菜も（　　）。

　　1 あまい　　　　2 しつこい　　　　3 すっぱい　　　　4 やわらかい

5 ゴミを片付けたら、部屋が（　　）した。

　　1 がっかり　　　2 しっかり　　　　3 すっきり　　　　4 はっきり

6 結婚はしたいけど、結婚する（　　）がいない。

　　1 相手　　　　　2 夫　　　　　　　3 主人　　　　　　4 友人

7 窓ガラスが汚れているので、これで（　　）ください。

　　1 かけて　　　　2 せんたくして　　3 ふいて　　　　　4 むいて

8 小川さんは学校の友達との関係に（　　）いた。

　　1 かんがえて　　2 くわえて　　　　3 さそって　　　　4 なやんで

2.＿＿に意味が最も近いものを、1・2・3・4から一つえらびなさい。(1点×4)

1 花子さんはお父さんにそっくりだ。

　　1 慌てている　　2 似ている　　　　3 不安だ　　　　　4 満足だ

2 ここにある物をしまってください。

　　1 貸して　　　　2 片付けて　　　　3 使って　　　　　4 止めて

3 田中さんはおとなしい人だった。

　　1 元気な　　　　2 細かい　　　　　3 静かな　　　　　4 わがままな

4 山田さんは前よりかなり元気になった。

1 きっと　　　　2 少し　　　　3 大分　　　　4 はっきり

3. つぎのことばの使い方として最もよいものを、1・2・3・4から一つえらびなさい。(2点×4)

1 家事

1 仕事から帰ってきてから、家事をしているので、疲れる。

2 この辺は、新しく家事をたくさんしているので、家が増えた。

3 あのうちは、家事がよくなくて、いつもけんかしている。

4 家事がみんな古くなってきたので、新しいのが欲しい。

2 あたる

1 この部屋は窓が東にあたっている。

2 晴れた日の夜には、空にたくさん星があたる。

3 傘にあたらないと、雨で濡れてしまう。

4 山に日の光があたって、きれいだった。

3 腹が立つ

1 古い肉を食べて、腹が立ってきたので、薬を飲んだ。

2 彼とは、腹が立って、どんなことでも話せる。

3 夫の言うことに腹が立ったので、昨日から話をしていない。

4 私の腹が立っているのは、毎日、運動をしているからだ。

4 不満

1 鞄は、不満なので、まだ、何か入る。

2 お腹が不満で、すぐに何か食べたい。

3 自分の将来が不満で、夜も眠れない。

4 父は、何が不満で、怒っているのだろう。

Ⅰ．言葉を覚えよう ≫

1 美容

| 1-1 | ウォーミングアップ

どんなことをしたら、きれいに／格好よくなれると思いますか。

| 1-2 | 言葉

① 髪を ⬚ ● 伸ばす／結ぶ	Allow to grow long Tie up	（头发等）留长 扎（头发等）
② 美容院へ行く	Beauty salon	美容店
③ 雰囲気が変わる	Atmosphere	气氛，氛围
④ しわが増える	Wrinkle (in skin), crease (in fabric)	皱纹，褶皱
⑤ 肌にクリームを塗る	Skin (Skin) cream	皮肤 护肤霜，护肤乳液
⑥ まったく効果がない	Absolutely, completely Effect	完全 效果
⑦ 化粧が濃い	Make-up, cosmetics; apply make-up, cosmetics Heavy	化妆 浓
⑧ スタイルに自信がない	Style Confidence	体型 自信
⑨ 姿勢が悪い	Posture	体姿
⑩ みっともない格好	Disgraceful, unbecoming	不整洁，丢人现眼
⑪ 食事の量を制限する	Amount Limit (n); limit (v)	量 限制
⑫ 外食が多い	Eating out	在外吃饭
⑬ カロリーが高い	Calories	卡路里

| 1-3 | やってみよう 「言葉」から太字の語を選んで、（　）に入れなさい。

(1) 笑うと、目の横に（　　　　　）が出来て、嫌だ。

(2) 食器を洗った後は手に（　　　　　）を付けるようにしている。

(3) 最近、（　　　　　）が続いていて、２キロも太ってしまった。

(4) 髪が大分長くなってきたので、（　　　　　）に予約を入れた。

(5) 運動をしたら、痩せると思ったが、（　　　　　）痩せなかった。

② 健康

| 2-1 | ウォーミングアップ |

体のために、何かしていますか。また、何かやめていることがありますか。

| 2-2 | 言葉 |

	Bodily strength	体力
① **体力**を付ける		
② **体操**をする	Physical exercise	体操
③ **全身**の**筋肉**を使う	Whole body Muscle	全身 肌肉
④ **汗**が出る	Sweat	汗水
⑤ 息が**苦**しい	Breathing, breath Painful, difficult	呼吸 痛苦
⑥ **中年**になる	Middle age	中年
⑦ **普段**から**健康**に気を付ける	Usually, ordinarily Health	平时 健康
⑧ **禁煙**をする	Quitting smoking	禁烟
⑨ 妻に**内緒**で煙草を吸う	In secret, in private	偷偷，保密
⑩ 頑張っても、**無駄**だ	Futile, pointless	没用
⑪ **意志**が弱い	Will, volition	意志
⑫ 体に悪い**影響**を**与**える	Effect, influence Have, exert (influence), 　provide (nutrition)	影响 给予
⭐ ☐☐☐を**始**める ● **ヨガ／ジョギング／ダイエット**	Yoga Jogging Dieting	瑜伽 慢跑 节食减肥
⭐ **ジム**に**通**う	Gym	健身房

| 2-3 | やってみよう 「言葉」から太字の語を選んで、（ ）に入れなさい。

(1) 昨日、10キロも走ったので、今日は足の（　　　　　）がすごく痛い。

(2) プールに入る前に準備（　　　　　）をしたほうがいい。

(3) （　　　　　）を吸いながら、ゆっくり手を頭の上に上げてください。

(4) （　　　　　）の食事のときから野菜を取るように気を付けたほうがいい。

(5) （　　　　　）を始めても、すぐまた煙草が吸いたくなってしまう。

II. 練習しよう ≫

1 パーティーに出るために、美容院へ行きました。

絵を見て、（ ）に入る語を下の[ ]の中から選びなさい。

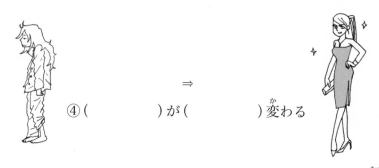

美容院へ行く前 　　　　　　　　　　　　　　　　美容院へ行った後

④（ 　　　　　 ）が（ 　　　　　 ）変わる

①（ 　　　　　 ）がよくない 　　　　　　⑤（ 　　　　　 ）を結ぶ

②服に（ 　　　　　 ）がたくさんある 　　⑥（ 　　　　　 ）を見せる

③（ 　　　 ）格好 　　　　　　　　　　　　⑦（ 　　　　　 ）がいい

　　　　　　　　　　　　　　　　　　　　　⑧化粧が（ 　　　　　 ）

[濃い　みっともない　まったく　姿勢　スタイル　しわ　肌　髪　雰囲気]

2 ＿＿＿に似た意味の語を「言葉」の中から選び、必要なら形を変えて、（ ）に入れなさい。

(1) A：爪を（ 　　　　　 ）たいんだけど、パソコンとか携帯電話が使いにくくなるかな。

　　B：大丈夫よ、長くし過ぎなければ。

(2) A：彼に「化粧をしても、（ 　　　　　 ）だ」って言われたの。酷過ぎると思わない？

　　B：まあ、化粧しても、効果がある人とない人がいるからね。

(3) A：（ 　　　　　 ）が弱いから、毎日、５キロも走るのは、自分には無理だなあ。

　　B：やろうっていう気持ちがあれば、私はできると思うんだけど。

(4) A：水泳は（ 　　　　　 ）の運動になるから、体にいいんだって。

　　B：そうだよね。泳ぐときに体中全部使うよね。

(5) A：40代でこんな酷い病気になるとは思わなかったよ。

　　B：もう（ 　　　　　 ）なんだから、もう少し体のことを考えたほうがいいよ。

3 正しいほうを選びなさい。

(1) カロリーを (a.取り　b.付け) 過ぎないように注意してください。

(2) ダイエットの効果が (a.出て　b.増えて) きたみたいで、3キロも痩せた。

(3) 自分に自信を (a.入れて　b.持って) いる人のほうがきれいに見える。

(4) 年を取って、大分体力が (a.落ちて　b.取れて) きた。

(5) 少ししか運動をしていないのに、汗が (a.止まない　b.止まらない)。

4 （　）に入る語を□の中から選びなさい。

(1) ① 1回の食事で食べる（　　　　　）をもう少し少なくしたほうがいい。

② （　　　　　）な体を作るには、運動が一番だ。

③ 1日1本の煙草でも、体に悪い（　　　　　）があるそうだ。

> a.量　　b.影響　　c.健康

(2) ① ケーキを食べちゃったのは、（　　　　）おいてね。

② 医者に飲み過ぎだと言われて、ビールを1日1本に（　　　　）しまった。

③ ときどきこのクリームを塗って、肌に栄養を（　　　　）あげてください。

> a.制限されて　　b.内緒にして　　c.与えて

5 「言葉」の語を（　）に入れて、文章を作りなさい。最初の字はヒントです。

　　私は3か月前からヨガを始めました。最近、太ってきてしまって、階段を上っただけで、（①い＿）が上がってしまうし、（②あ＿）もたくさん出てくるし、もう少し（③た＿＿＿＿）を付けなきゃなあと思っていたんです。でも、私は（④い＿）が弱いので、ジョギングをするとか、ジムに通うとかは続けられるかどうか、（⑤じ＿＿）がなくて、家でもできるヨガを選びました。ヨガを始めたら、いろんないい（⑥こ＿＿）がありました。まず、（⑦し＿＿）がよくなりましたね。お腹の（⑧き＿＿＿）をよく使うので、お腹も痩せてきて、（⑨ス＿＿＿）も少しだけよくなりました。ヨガを始めてから、（⑩ふ＿＿）の食事にも気を付けるようになって、（⑪が＿＿＿＿）をやめたりとか、（⑫カ＿＿＿）を考えて食事をするようになりました。（⑬け＿＿＿）的な生活をしていたら、（⑭は＿）もきれいになってきた気がします。友達からも「少し（⑮ふ＿＿＿）が変わったね」って言われるんです。

7課 体2：病気

Ⅰ. 言葉を覚えよう ≫

1 病気と怪我

1-1 ウォーミングアップ

風邪をひいたとき、体はどうなりますか。あなたはどんなことをしますか。

1-2 言葉

言葉	English	中文
① 体調が悪い	Physical condition	身体状況
② 食欲がない	Appetite	食欲
③ 喉が変な感じだ	Feeling, sensation	感覚
④ 体温を測る	(Body) temperature / Measure	体温 / 測量
⑤ 病院で順番を待つ	Order, sequence	順序
⑥ 頭を冷やす	Cool down	降温
⑦ 体を温める	Warm up	使温暖，加熱
⑧ 傷が深い	Wound, abrasion	伤
⑨ 火傷をする	Burn, scald	燒伤，烫伤
⑩ 歯を □ ● 削る／抜く	Scrape, drill (tooth) / Extract, pull out	削 / 拔（牙齿等）
⑪ 風邪を防ぐ	Prevent	预防
⑫ 手を清潔にする	Cleanliness	清洁
⑬ 薬局でマスクを買う	Pharmacy, drug store / Mask	药店 / 口罩
☆ □ が痛い ● 胃／肩／腰／膝／胸／心臓	Stomach / Shoulder / Waist / Knee / Chest / Heart	胃 / 肩膀 / 腰 / 膝盖 / 胸 / 心脏

1-3 やってみよう 「言葉」から太字の語を選んで、（ ）に入れなさい。

(1) 病院に行ったら、体温計で熱を（　　　　　）ように言われた。

(2) 頭を濡れたタオルで（　　　　　）と、気持ちがいい。

(3) お医者さんに行く時間がなかったので、（　　　　　）で風邪薬を買ってきた。

(4) 天ぷらを作っているときに、手を（　　　　　）してしまった。

(5) 風邪をひかないように、電車に乗るときは（　　　　　）を付けるようにしている。

2 入院

2-1　ウォーミングアップ

病院に入院したことがありますか。病院でどんなことをしましたか。

2-2　言葉

① 病気にかかる	Catch, get (an illness)	得（病）
② 検査を受ける	Examination	検査
③ □を発見する ● 異常／ガン	Discovery; discover Abnormality; abnormal Cancer	发现 异常 癌症
④ 痛みを我慢する	Pain Endurance; endure	疼痛 忍耐
⑤ 長い間苦しむ	Suffer	痛苦
⑥ 危険な状態が続く	State, condition	状态
⑦ 手術が成功する	Operation Success; succeed	手术 成功
⑧ 回復が早い	Recovery	康复
⑨ 病気が□治る ● ほぼ／完全に	Almost, mostly Completely, fully	大致 完全
⑩ 命を□ ● 助ける・救う／落とす	Life Help, save Save, rescue	生命 救命，帮助 救命
⑪ 母が助かる	Be saved, be helped	救命，得救
⑫ お見舞いに行く	Visit, call	探望病人

2-3　やってみよう　「言葉」から太字の語を選んで、（　）に入れなさい。

(1) 酷い怪我だったけれど、子供なので、（　　　　　　　）がとても早かった。

(2) クラスのみんなと一緒に先生の（　　　　　　　）に行った。

(3) 山田部長は、（　　　　　　　）で、あと半年しか生きられないそうだ。

(4) 酷い怪我だったので、命が（　　　　　　　）とは誰も思っていなかった。

(5) 病院で調べてもらったが、どこにも（　　　　　　　）なところはないと言われた。

Ⅱ. 練習しよう ≫≫

1 正しいほうを選びなさい。

(1) 薬を塗ったら、腰の痛みが (a.落ちた　b.取れた)。

(2) 死にたくはないので、手術を (a.受ける　b.持つ) ことにした。

(3) 熱が下がらなくて、全然食欲が (a.出ない　b.入らない)。

(4) 鈴木さんは、体調が (a.痛い　b.悪い) ようだ。

(5) 早く病院に連れていかないと、命が (a.危ない　b.難しい)。

(6) 2月になってから、インフルエンザに (a.かかる　b.入る) 学生が増えている。

2 ( )に入る語を ☐ の中から選びなさい。

(1) ① 怪我は (　　　　) には治らないだろうと言われた。
　　② 父の手術の (　　　　) を祈っている。
　　③ 病院に行くと、もう大勢の人が (　　　　) を待っていた。

> a.完全　　b.順番　　c.成功

(2) ① ガンで毎年多くの人が命を (　　　　)。
　　② 歯を治したいが、歯を (　　　　) のは嫌だ。
　　③ 病気の人を (　　　　) のが医者の仕事だ。

> a.削る　　b.救う　　c.落とす

3 ( )に入る語を書きなさい。

	形容詞	名詞	動詞
(1)	腰が**痛い**。	腰の (　　　　) がなくなる。	腰が**痛む**。
(2)	胸が**苦しい**。	病気の**苦しみ**が続く。	病気で (　　　　)。
(3)	足が**温かい**。	足はちょうどいい**温かさ**だ。	足が**温まる**。／足を (　　　　)。
(4)	—	気持ち悪い (　　　　) がする。	痛みを**感じる**。
(5)	—	医者の**助け**が要る。	病気の人を (　　　　)。

4 ____に似た意味の語を「言葉」の中から選び、必要なら形を変えて、（　）に入れなさい。

(1) A：ずっと、頭が痛いのが続くので、病院で調べてもらうことになりました。

B：頭を（　　　　　　）するのは、少し怖くないですか。

(2) A：ガンだったんですけど、（　　　　　　　　）が早かったので、問題はないそうです。

B：ガンでも、早く見つけることができれば、治るそうですね。

(3) A：外から帰ってきたら、石鹸を使って、手をきれいに洗ってくださいね。

B：手を（　　　　　　に）しておくことも大切なんですね。

(4) A：怪我は大体治りましたので、前のように仕事ができると思います。

B：じゃあ、もう（　　　　　　）よくなっているんですね。

5 （　）に一番合うものをaからeの中から選びなさい。

(1) 火傷をしたときは、（　　　　）。　　　　a.水で洗うだけで大丈夫だと思う

(2) この注射を2回打つだけで、（　　　　）。　b.抜くことになった

(3) 小さな傷なので、（　　　　）。　　　　c.病気になるのを防げるそうだ

(4) 歯が痛くて、夜、眠れないので、（　　　　）。d.我慢しないで、薬を飲んでください

(5) 頭が痛いときは、（　　　　）。　　　　e.すぐに水で冷やしたほうがいい

6 「言葉」の語を（　）に入れて、会話を作りなさい。最初の字はヒントです。

医者：どうしましたか。

私：　熱があって、すごく寒いんです。

医者：（①た ____ ）は（②は __ ）ましたか。

私：　はい。朝は38.7度ありました。

医者：高いですね。熱が高い（③じょ ____ ）はいつから続いていますか。

私：　昨日の夜からだと思います。

医者：わかりました。じゃあ、これから簡単な（④け __ ）をします。鼻を調べるんですが、少し（⑤い __ ）を感じると思うので、ちょっと（⑥が __ ）してください。[（④）が終わる。]

ああ、インフルエンザに（⑦か ___ て）いるようですね。では、お薬を出しておきます。この薬を飲めば、（⑧か ____ ）はとても早いですよ。

I. 言葉を覚えよう ≫

1 スポーツ

1-1 ウォーミングアップ

スポーツをするのと見るのとどちらが好きですか。どんなスポーツが好きですか。

1-2 言葉

① 試合の**開始**を待つ	Beginning　开始
② **選手**の**活躍**に**期待**する	Player, athlete　运动员 Engagement　活跃 Expectation; have expectations of　期待
③ 日本**チーム**を**応援**する	Team　队伍 Support (n); support (v)　为……加油
④ 試合に**出場**する	Appearance; appear, show up　出场
⑤ **ボール**を □ ● **投げる／打つ／蹴る**	Ball　球 Kick　踢（球等）
⑥ **優勝**を**争う**	Win, victory　冠军，夺冠 Contest, vie　竞争
⑦ 負けて、**悔しい**	Vexing, regrettable　不甘心
⑧ 日本の**代表**に選ばれる	Representative team　代表
⑨ 厳しい**トレーニング**をする	Training　训练
⑩ 町の中の**コース**を走る	Course　跑步路线，（台风等的）行进路线
⑪ **トップ**で**ゴール**する	Top position　第一，领先 (Reach the) finishing line, (score a) goal　目的地，终点，球门，篮筐，到达终点，进球
⑫ 途中で**あきらめる**	Give up, abandon　放弃
⑬ **記録**を**破る**	Record　记录 Break　打破（记录等）

1-3 やってみよう ＿＿の必要なところに「ッ」「ン」「ー」を入れてください。

(例) ス＿ポ＿ツ＿

(1) ボ＿ル＿　　　　　　　　　(2) チ＿ム＿

(3) ト＿レ＿ニ＿グ＿　　　　　(4) ト＿プ＿

(5) ゴ＿ル＿　　　　　　　　　(6) コ＿ス＿

2 芸術

2-1 ウォーミングアップ

日本の映画を見たことがありますか。どんな映画でしたか。どう思いましたか。

2-2 言葉

① 芸術に興味がある	The arts	艺术
② 一流の □□□□ ● 作家／画家／音楽家	First-rate, top-ranking Author Artist, painter	一流 作家，艺术家 画家
③ 才能のある監督	Talent Director; manager 　(soccer, etc.)	才能 （电影等的）导演，（体育队伍的）教练
④ 人気のある ● 俳優／女優	Popularity Actor, actress Actress	人气 演员 女演员
⑤ お勧めの作品	Recommended Work, production	推荐 作品
⑥ ストーリーが単純だ	Story, narrative Simple	故事 简单
⑦ □□□□を表現する ● 喜び／悲しみ／感情	Expression; express Joy, delight Sorrow, unhappiness Feeling, emotion	表达 喜悦 悲伤 感情
⑧ 楽器を弾く	Musical instrument	乐器
⑨ プロの演奏を聞く	Professional Performance	职业，专业 演奏
⑩ 感想を言う	Impressions, thoughts on	感想
★ コンクールに出る	Competition, contest	比赛
★ □□□□を見る ● 演劇／絵画／アニメ	Drama, the theater Picture, painting *Anime*	戏剧 绘画 动画

2-3 やってみよう 「言葉」から太字の語を選んで、（　）に入れなさい。

(1) 私が弾ける（　　　　　　）はピアノだけだ。

(2) その女優は感情を（　　　　　　）するのがうまい。

(3) 自分には小説を書く（　　　　　　）がないと思う。

(4) その映画が面白かったか、友達に（　　　　　　）を聞いてみた。

(5) 150年前に描かれたその（　　　　　　）は、1枚1,000万円もするそうだ。

(6) この映画は、出ている俳優はいいのだが、（　　　　　　）がつまらない。

II. 練習しよう ≫

1 正しいほうを選びなさい。

(1) その歌手は最近、人気が (a. して　b. 出て) きた。

(2) 勝てないと思っていたのに、勝てたので、喜びが (a. 大きい　b. 高い)。

(3) 田中選手は、怪我をしていたので、試合で (a. 活躍　b. 出場) できなかった。

(4) 42.195キロを2時間3分で走るというすごい記録が (a. した　b. 出た)。

(5) 田中さんは、日本人形の (a. 画家　b. 作家) だ。

2 ____ に似た意味の語を「言葉」の中から選び、必要なら形を変えて、(　) に入れなさい。

(1) A：川口さんがギターを弾くのを見たけど、すごく上手だね。

　　B：川口さんの (　　　　　　　) はすごいよね。

(2) A：ワールドカップでスペインが (　　　　　　　) するとは思わなかったな。

　　B：僕は前からスペインが一番になると思ってたよ。

(3) A：試合は、6時半 (　　　　　　　) だよ。

　　B：始まるまで、あと30分あるね。

(4) A：喜びの気持ちをどうやって表現すればいいんでしょうか。

　　B：顔や手を使って、もっと (　　　　　　　) を外に出すようにしてください。

(5) A：中村さんはすごい選手だったけど、オリンピックには出られなかったんだ。

　　B：オリンピックに (　　　　　　　) するのは難しいよね。

(6) A：上田さん、また、練習を休んだよ。

　　B：毎日、(　　　　　　　) しないと、強くなれないよね。

3 正しいものを全部選びなさい。

(1) この学校には才能 (a. な　b. の　c. する　d. のある) 音楽家が集まっている。

(2) 宮崎さんが監督 (a. な　b. の　c. する　d. のある) 映画はみんな素晴らしい。

(3) 話が単純 (a. な　b. の　c. する　d. のある) 映画のほうが、私は好きだ。

(4) 石田さんは、若い人に人気 (a. な　b. の　c. する　d. のある) 小説家だ。

(5) 前野さんは、プロ (a. な　b. の　c. する　d. のある) 画家だから、絵がうまい。

(6) 私が期待 (a. な　b. の　c. する　d. のある) 選手は山田選手だ。

(7) 下田さんは、一流 (a. な　b. の　c. する　d. のある) 作家だと思う。

4 ( )に入る語を □ の中から選びなさい。

(1) ① 中村選手は左足でボールを ( )、ゴールに入れた。
　　② 田村選手と安藤選手が優勝を ( ) いる。
　　③ 北島選手は、今までの日本記録を ( )、日本の代表に選ばれた。

> a.争って　　b.蹴って　　c.破って

(2) ① 皆さんの温かい ( ) のおかげで、勝つことができました。
　　② この試合で勝ったほうが日本の ( ) になる。
　　③ マンガやアニメも私は ( ) だと思う。

> a.応援　　b.芸術　　c.代表

(3) ① 優勝することができなかったことが ( )。
　　② 自分は弱いと思って、勝つことを ( ) のが一番よくない。
　　③ その小説には、夫に先に死なれた妻の ( ) が丁寧に書かれていた。

> a.あきらめる　　b.悲しみ　　c.悔しい

5 「言葉」の語を ( ) に入れて、文章を作りなさい。最初の字はヒントです。

　　私がみなさんに (①お ＿＿＿) したいのは『だめオーケストラ』という映画です。山田一郎というとても (②さ ＿＿＿) のある (③か ＿＿＿) の映画で、今、日本で (④に ＿＿) のある (⑤は ＿＿＿) さんや (⑥じょ ＿＿) さんが大勢出ています。いつも遊んでばかりいる音楽大学のだめな学生たちが、オーケストラを作るお話です。最初はいろいろ失敗するんですが、すごい (⑦ト ＿＿＿＿＿) をして、最後には、大学の (⑧だ ＿＿＿＿) になって、コンクールに (⑨しゅ ＿＿＿＿) して、(⑩ゆ ＿＿＿＿) するという (⑪ス ＿＿＿＿) です。映画に出ている (⑤) さんたちは、全然 (⑫が ＿＿) が弾けないんだそうですが、映画の中では、本当に上手に (⑬え ＿＿＿) しているように見えます。この映画はみなさんに (①) できる、とても面白い (⑭さ ＿＿＿) だと思います。

Ⅰ. 言葉（ことば）を覚（おぼ）えよう ≫

1 ファッション(1)

1-1　ウォーミングアップ

最近（さいきん）どんな服（ふく）を買（か）いましたか。服（ふく）を買（か）ったとき、お店（みせ）の人（ひと）と何（なに）か話（はな）しましたか。

1-2　言葉（ことば）

① 最新（さいしん）のファッション	Latest　　　　　　　　　　　最新 Fashion　　　　　　　　　　时装
② 流行（りゅうこう）の ☐	Fashion, fad　　　　　　　　流行 Style　　　　　　　　　　　风格，样式 Design　　　　　　　　　　设计
● スタイル／デザイン	
③ おしゃれな眼鏡（めがね）	Fashionable, (dress) fashionably　时髦
④ 服（ふく）を ☐ ● 試着（しちゃく）する／着替（きが）える	Trying on; try on　　　　　试穿 Change (clothes)　　　　　换衣服
⑤ ズボンが ☐ ● きつい／緩（ゆる）い	Tight　　　　　　　　　（衣服等）紧 Loose　　　　　　　　　（衣服等）松
⑥ 袖（そで）が短（みじか）い	Sleeve　　　　　　　　　袖子
⑦ サイズが ☐ ● 合（あ）う・ぴったりだ	Size　　　　　　　　　　尺寸 (Fit) exactly　　　　　（尺寸等）正好
⑧ ネクタイが気（き）に入（い）る	Like, be pleased with　　　满意，喜欢，中意
⑨ スーツが似合（にあ）う	Suit, go well with　　　（衣服等）合适，好看
⑩ 服（ふく）に関心（かんしん）がない	Interest　　　　　　　　关注，感兴趣
★ ☐ を着（き）る ● パジャマ／ワンピース／浴衣（ゆかた）／水着（みずぎ）	Pajamas　　　　　　　　睡衣 One-piece　　　　　　　连衣裙 *Yukata*, casual *kimono* robe　浴衣 Swimwear　　　　　　　泳衣

1-3　やってみよう　「言葉（ことば）」から太字（ふとじ）の語（ご）を選（えら）んで、（　）に入（い）れなさい。

(1) 最近（さいきん）、太（ふと）ってしまったので、スカートが（　　　　　）。

(2) 服（ふく）を買（か）う前（まえ）にお店（みせ）で（　　　　　）してみた。

(3) 私（わたし）は、手（て）が短（みじか）いので、このシャツを着（き）るときは（　　　　　）を折（お）って着（き）る。

(4) 運動（うんどう）をした後（あと）は、シャワーを浴（あ）びて、服（ふく）を（　　　　　）ことにしている。

(5) 山田（やまだ）さんは、服（ふく）が好（す）きで、自分（じぶん）で（　　　　　）した服（ふく）が着（き）てみたいと言（い）っている。

2 ファッション⑵

今日はどんな服を着ていますか。説明してください。

2-2　言葉

Neat, respectable	整齐
High-class	高级
Elegant, refined, tasteful	优雅
Simple, basic	简约

① □□□服
　● **きちんとした／高級な／上品な／シンプル**な

Dress, clothing	服装
Flashy, showy	华丽
Plain, drab	朴素

② □□□服装　● **派手な／地味**な

Stylish	帅气
Lacking style	不帅气, 不精神
Nice, attractive	极好

③ □□□人　● **かっこいい／かっこ悪い／素敵**な

Dress	女士礼服
Bright red	大红
Pure white	纯白
Coal-black, black as pitch	纯黑

④ □□□ドレス
　● **真っ赤な／真っ白な／真っ黒**な

Orange color	橘色
Pink color	粉色
Purple color	紫色
Gray color	灰色

⑤ □□□のスカート
　● **オレンジ／ピンク／紫／灰色**

Dark	浓重

⑥ **濃い**緑色の服

Match, go well with	搭配

⑦ バッグと靴の色を**合わせる**

Pattern	花纹

⑧ 花の**模様**のハンカチ

Plain, not patterned	素色

⑨ **無地**の着物

Wool	羊毛
Cotton	棉

☆ □□□のセーター　● **ウール／綿**

Leather	皮革
Coat	大衣

☆ **革**のコート

Underpants	内裤
Stockings	丝袜
Jeans	牛仔裤
Sandals	凉鞋
Boots , booties	靴子

☆ □□□をはく　● **パンツ／ストッキング／
ジーンズ／サンダル／ブーツ**

2-3　やってみよう　「言葉」から太字の語を選んで、（　）に入れなさい。

(1) 仕事でお客さんに会うときは、（　　　　　　　）にも気を付けなければならない。

(2) 今年は、普通の赤じゃなくて、もっと濃い（　　　　　　　）な服が流行するそうだ。

(3) 大人なのに、可愛いウサギの（　　　　　　　）の入った鞄を持っていた。

(4) 山田さんはいつも（　　　　　　　）な服を着ているので、暗い人だと思われてしまう。

II. 練習しよう ≫≫

1 正しいほうを選びなさい。

(1) 林さんはそのハンカチがとても気に (a. 入って　b. 入って) いるようだ。

(2) 山田さんもやっとおしゃれに関心を (a. した　b. 持った) ようだ。

(3) 今年は短いスカートが流行 (a. している　b. だ)。

(4) 久しぶりに先生に会うので、きちんと (a. な　b. した) 服を着ていった。

(5) サイズが (a. 合わせない　b. 合わない) 靴を履いていたので、足が痛い。

2 ____ に似た意味の語を「言葉」の中から選び、必要なら形を変えて、（　）に入れなさい。

(1) A：姉のTシャツを借りたら、サイズが<u>ちょうどよかった</u>んで、着てきちゃった。

　　B：ホントだ。（　　　　　　　）だね。

(2) A：いつも（　　　　　　　）の服を着ているね。

　　B：うん。<u>何にも描いてない</u>服のほうが好きなんだ。

(3) A：スーツを着るときは、靴とベルトの色を<u>一緒にした</u>ほうがいいですよ。

　　B：色を（　　　　　　　）ほうがいいんですね。

(4) A：靴をもらったんだけど、<u>大き過ぎて</u>、歩きにくくて。

　　B：大分（　　　　　　　）みたいだね。

(5) A：その変な服が（　　　　　　　）のファッションなの？

　　B：そうだよ。これが<u>一番新しい</u>人気のデザインなんだよ。

(6) A：ファッションには全然（　　　　　　　）がないんだ。

　　B：少しはおしゃれにも<u>興味</u>を持たないと、だめだよ。

3 （　）に入る語を □ の中から選びなさい。

(1) ① 洗濯をして、（　　　　）になったシャツを着るのは気持ちがいい。

　　② 今日が初めてのデートだったので、（　　　　）をして出かけた。

　　③ 最近、（　　　　）のコートを着ている人をときどき見る。

> a. おしゃれ　　b. 真っ白　　c. 紫

(2) ① シャツをズボンの中に入れるのは、（　　　　）と思う。

　　② もうすぐ秋なので、少し（　　　　）色の服を買おうと思う。

③ 電車の中で見る日本の男性の（　　　　）はかっこ悪いと思う。

> a.かっこ悪い　　b.濃い　　c.ファッション

(3) ① 林さんは、背が高くて、痩せているので、どんな服を着ても、よく（　　　　）。

② パソコンの画面で見たときは（　　　　）な服に見えた。

③ 長い袖の服の上にTシャツを着る（　　　　）は昔はなかった。

> a.スタイル　　b.素敵　　c.似合う

4 正しいものには〇、正しくないものには×を書きなさい。

(1) 日本の女性は結婚するとき、真っ黒なドレスや着物を着ることが多い。　　（　　　）

(2) 花や月、鳥など、日本の着物にはいろいろな模様が描かれている。　　（　　　）

(3) 茶色や灰色、黒の服をよく着ている人を派手な人という。　　（　　　）

(4) 町で下着のような服を着ていると、上品だと言われる。　　（　　　）

(5) 着物はシンプルな服なので、誰でも簡単に着られる。　　（　　　）

(6) 東京や大阪には高級な服を売っている店があまりない。　　（　　　）

5 「言葉」の語を（　）に入れて、会話を作りなさい。最初の字はヒントです。

> 店員：何かお探しですか。
>
> 客：　あのう、このシャツ、（①し＿＿＿）してみてもいいですか。
>
> 店員：はい、どうぞ。ご用がありましたら、お呼びください。〜いかがですか。
>
> 客：　このシャツ、M（②サ＿＿）なんですけど、ちょっと首が（③き＿＿て）。
> （④そ＿）ももう少し長いほうが…。
>
> 店員：そうですね。今、L（②）のものをお持ちします。〜申し訳ありません。L（②）なんですが、同じお色のものがなくてですね。こちらの薄い（⑤オ＿＿＿）のものと（⑥ピ＿＿）のものしかないんですが…。
>
> 客：　（⑥）は少し（⑦は＿）ですね。（⑤）のを着てみます。
>
> 店員：今度はいかがですか。
>
> 客：　今度は（⑧ぴ＿＿＿）です。

Ⅰ. 言葉を覚えよう ≫

1 旅行

1-1 ウォーミングアップ

最近、いつ旅行へ行きましたか。そこで何をしましたか。

1-2 言葉

① □□□を取る ● **休暇／休憩**	Vacation, holiday Rest, break	休假 休息
② **ツアーに申し込む**	Tour Apply for	旅行团 申请
③ **予算**が少ない	Budget	预算
④ 予約を**キャンセル**する	Cancellation; cancel	取消
⑤ **ガイド**の説明を聞く	Guide, tour guiding	导游，指南
⑥ **観光**を楽しむ	Tourism, sightseeing	旅游，游览
⑦ **詳しい**地図で調べる	Detailed	详细
⑧ 道に**迷う**	Get lost, go astray	迷路
⑨ お金を**両替**する	Currency exchange; exchange currency	货币兑换
⑩ **お土産**を買う	Souvenir	特产
⑪ 京都の**名物**のお菓子	Local specialty product	有名的东西
⑫ **風景**の美しさに**感動**する	Scenery Being impressed; impress	风景 感动
⑬ **温泉**に入って、□□□ ● **のんびり**する／**リラックス**する	Hot spring Be at ease Relaxation; relax	温泉 悠闲 放松
⑭ □□□に残る ● **思い出／記憶**	Memories Memory	回忆 记忆

1-3 やってみよう 「言葉」から太字の語を選んで、（　）に入れなさい。

(1) いい（　　　　　　）の人がいると、旅行がもっと楽しくなる。

(2) （　　　　　　　）が3万円しかないので、あまり遠くには行けない。

(3) 2時間運転をしたので、15分（　　　　　　）を取ることにした。

(4) 急に旅行に行けなくなって、予約していたホテルを（　　　　　　　）した。

2 移動

2-1 ウォーミングアップ

旅行へ行ったとき、どうやって行きましたか。すぐに着きましたか。

2-2 言葉

① 駅に**集合**する	Gathering; gather	集合
② バスで**移動**する	Move (n); move (v)	去
③ 空港で**チェックイン**する	Check-in; check in	（办理）入住，登机
④ 荷物を**検査**する	Inspection; inspect	检查
⑤ ◻︎に乗り換える ● **国内線／国際線**	Domestic flight International flight	国内航班 国际航班
⑥ **満員**で乗れない	Full, fully booked	满员
⑦ **ドライブ**をする	Drive, driving	开车兜风
⑧ **道路**が◻︎ ● **混雑**する・**渋滞**する／すく	Road, highway Congestion; be congested Traffic jam; get caught in a traffic jam	道路 （路上等）拥挤 堵车
⑨ ◻︎を落とす ● **スピード・速度**	Speed Speed	速度 速度
⑩ **のろのろ**進む	Sluggish; expresses slowness, heaviness (ideophonic word)	慢吞吞
⑪ **信号**で止まる	Traffic lights	红绿灯
⑫ 車に**酔う**	Get car-sick	晕车
⑬ 途中で**くたびれる**	Get tired, be tired	精疲力尽
⑭ **無事**に**到着**する	Safely, without incident Arrival; arrive	平安 到达
★ ◻︎を見せる ● **チケット／パスポート**	Ticket Passport	票 护照
★ **シートベルト**を締める	Seat-belt	安全带

2-3 やってみよう 「言葉」から太字の語を選んで、（　）に入れなさい。

(1) 電車に乗ったが、（　　　　　　）で座れなかった。

(2) バスの事故があったが、乗っていた人はみんな（　　　　　　）だった。

(3) 国際線の空港と（　　　　　　）の空港が同じところにないので、不便だ。

II. 練習しよう ≫

1 正しいほうを選びなさい。

(1) 夏休みは、海に行って、(a.のろのろ　b.のんびり) 休みたいと思う。

(2) 道がすいていたので、車の速度を (a.上げた　b.足した)。

(3) 電車の中はとても (a.渋滞　b.混雑) していた。

(4) 3週間ぐらい (a.休暇　b.休憩) を取って、旅行に行くことにした。

2 ＿＿ に似た意味の語を「言葉」の中から選び、必要なら形を変えて、( ) に入れなさい。

(1) A：空港で鞄を開けて、中まで調べられたよ。

　　 B：最近は、荷物の (　　　　　　) も厳しくなってるみたいだね。

(2) A：車の運転が趣味なんだ。

　　 B：じゃあ、今度、(　　　　　　) に連れていってよ。

(3) A：朝の8時に学校に (　　　　　　) して、そこからバスで出かけます。

　　 B：学校に一度集まるんですね。

(4) A：バスに6時間も乗ったので、(　　　　　　) よ。

　　 B：それは疲れたでしょう。

(5) A：これ、日本の田舎の (　　　　　　) を撮った写真なんだ。

　　 B：景色がいいところだね。

(6) A：大阪へ行く電車はまだ着かないんでしょうか。

　　 B：申し訳ありません。(　　　　　　) が10分ほど遅れております。

3 ( ) に一番合うものをaからdの中から選びなさい。

(1) ① 道に (　　　　)　　　　　　　　a.酔う

　　 ② 乗り物に (　　　　)　　　　　　b.申し込む

　　 ③ ツアーに (　　　　)　　　　　　c.到着する

　　 ④ 日本に (　　　　)　　　　　　　d.迷う

(2) ① 体と心が (　　　　)　　　　　　a.渋滞する

　　 ② 道路が (　　　　)　　　　　　　b.リラックスする

　　 ③ スピードが (　　　　)　　　　　c.詳しい

　　 ④ 説明が (　　　　)　　　　　　　d.出る

4 （　）に入る語を□の中から選びなさい。

(1) ① 東京の町の中にも、（　　　　）に入れるところがいくつかある。

　　② この町の（　　　　）は焼きそばだそうなので、食べてみたい。

　　③ 友人と富士山に登ったことが一番の（　　　　）だ。

　　┌─────────────────────────┐
　　│ a.思い出　　b.温泉　　c.名物 │
　　└─────────────────────────┘

(2) ① 東北で会った子供のことは、強く（　　　　）に残っている。

　　② 東京から大阪へ（　　　　）するだけで、疲れてしまった。

　　③ お祭りを見ることができて、とても（　　　　）した。

　　┌─────────────────────────┐
　　│ a.移動　　b.感動　　c.記憶 │
　　└─────────────────────────┘

(3) ① ホテルには夕食の30分前までに（　　　　）してください。

　　② この道は（　　　　）が多くて、車がなかなか進まない。

　　③ 空港で円をドルに（　　　　）してもらった。

　　┌───────────────────────────────┐
　　│ a.両替　　b.信号　　c.チェックイン │
　　└───────────────────────────────┘

5 「言葉」の語を（　）に入れて、文章を作りなさい。最初の字はヒントです。

┌──┐
│ 山田みゆき先生
│
│ 　金です。こんばんは、先生。（①ぶ＿）日本に（②と＿＿＿＿）しました。今、東
│ 京のホテルにいます。でも、今日はとても（③く＿＿＿）ました。空港から東京までは、
│ バスで（④い＿＿）しましたが、（⑤ど＿＿）が（⑥じゅ＿＿＿）していて、大変
│ でした。バスも（⑦の＿＿＿）としか走りませんでしたし、ほかのお客さんがバスに
│ （⑧よっ＿）しまって、途中でときどき（⑨きゅ＿＿＿）をしながらだったので、東京
│ まで2時間もかかってしまいました。
│ 　ところで、明日は浅草を（⑩か＿＿＿）する予定です。先生に教えていただいた日
│ 本語を使って、楽しい（⑪お＿＿＿）を作りたいと思います。先生にも（⑫お＿＿
│ ＿）を買って帰りますね。それでは、また。
│ 　　　　　　　　　　　　　　　　　　　　　　　　　　　　　　　　　金京姫
└──┘

1. （　）に入れるのに最もよいものを、1・2・3・4から一つえらびなさい。(1点×8)

1 久しぶりに国に帰って、（　　）することができた。

　　1　びっくり　　　　2　のろのろ　　　　3　のんびり　　　　4　ぴったり

2 このマンガ家はとても（　　）がある。

　　1　活躍　　　　　　2　芸術　　　　　　3　人気　　　　　　4　表現

3 ここで、10分（　　）にしましょう。

　　1　休暇　　　　　　2　休憩　　　　　　3　休日　　　　　　4　休息

4 試合で一番になれなくて、（　　）。

　　1　くやしい　　　　2　くらい　　　　　3　くるしい　　　　4　くわしい

5 二人はトップを（　　）、走っていた。

　　1　あたえて　　　　2　あたって　　　　3　あたためて　　　　4　あらそって

6 どんなことでも最後まで（　　）続けることが大切だ。

　　1　あきらめないで　2　けずらないで　　3　むすばないで　　　4　やぶらないで

7 お正月だったので、空港はとても（　　）していた。

　　1　混雑　　　　　　2　渋滞　　　　　　3　出場　　　　　　4　到着

8 山本さんは、（　　）の音楽家だ。

　　1　一流　　　　　　2　演奏　　　　　　3　才能　　　　　　4　代表

2. ＿＿に意味が最も近いものを、1・2・3・4から一つえらびなさい。(1点×4)

1 山本さんは、その靴が気に入っているようで、毎日履いている。

　　1　好きな　　　　　2　嫌いな　　　　　3　欲しい　　　　　4　欲しくない

2 もうすぐ旅行なので、両替をしておくことにした。

　　1　お金を替えて　　2　切符を替えて　　3　車を替えて　　　4　電車を替えて

3 まったく面白くない本だったけど、最後まで読んだ。

　　1　あまり　　　　　2　少し　　　　　　3　全然　　　　　　4　大分

4 酷い怪我なので、回復にはもう少し時間がかかりそうだ。

1 たすかる　　　2 たすける　　　3 すくう　　　4 なおる

3. つぎのことばの使い方として最もよいものを、1・2・3・4から一つえらびなさい。（2点×4）

1 防ぐ

1 病気の人を防ぐことが医者の仕事だ。

2 この病院では、医者を防ぐことができる。

3 運動することで、体を防ぐようにしている。

4 この薬は、目の病気を防ぐのに使われる。

2 内緒

1 山田さんは、恋人と映画に行くことを内緒にしていた。

2 森山さんは、広い内緒で料理をしたいと思っていた。

3 田中さんは、体の内緒があまりよくないようだ。

4 川口さんは、日本の内緒をたくさん旅行したそうだ。

3 シンプル

1 山田さんは運動をしているから、体がシンプルだ。

2 病院に行ったが、熱はシンプルだと言われた。

3 彼が作る料理は、時間がかからないシンプルなものばかりだ。

4 飛行機に乗ったので、もうお金がシンプルだ。

4 みっともない

1 病気で大変な母をもう私はみっともなかった。

2 そんな素晴らしい映画を今まで私はみっともなかった。

3 試合で、子供に負けてしまい、みっともなかった。

4 道がみっともなかったので、地図を見ながら運転した。

Ⅰ. 言葉を覚えよう ≫

1 学校生活

1-1 ウォーミングアップ

学校で先生に怒られたことがありますか。何をしているときに、怒られましたか。

1-2 言葉

① 新しい □□□ が始まる ● **学年／学期**	School year Semester	学年 学期
② 電車で**通学**する	Commuting (school, college); commute (school, college)	上学
③ 授業に**遅刻**する	Lateness; be late	迟到
④ 授業を**欠席**する	Absence; be absent	缺席
⑤ 生徒に**プリント**を**配る**	Print Hand out, circulate	印刷品，打印 分发
⑥ 勉強が □□□ だ ● **得意／苦手**	Skilled in Weak in	擅长 不擅长
⑦ 授業中に □□□ する ● **おしゃべり／居眠り**	Chatting; chat Nap; take a nap	聊天 打瞌睡
⑧ □□□ を食べる ● **給食／お弁当**	School-meal service	（学校等的）供应餐
⑨ □□□ に入る ● **クラブ／サッカー部**	Club ~ group	社团 ～社团
⑩ テニスの**大会**に出る	Meet, competition, championship, match	比赛，大会
★ □□□ の**準備**をする ● **遠足／修学旅行／運動会／体育祭／文化祭**	Excursion, outing School outing Sports meeting Sports festival College festival, cultural festival	郊游 修学旅行 运动会 体育节 校园节，文化节

1-3 やってみよう 「言葉」から太字の語を選んで、（　）に入れなさい。

(1) 昨日、あまり寝ていなくて、授業のときに（　　　　　　）をしてしまった。

(2) 冬休みが終わって、明日から新（　　　　　　）だ。

(3) 宿題の（　　　　　　）を家によく忘れてきてしまう。

(4) 大学に入ったら、テニス（　　　　　　）に入りたい。

2 勉強

2-1 ウォーミングアップ

中学や高校であなたはどんな勉強をしましたか。言葉の勉強はしましたか。

2-2 言葉

① 外国語を ☐ ● **学ぶ・学習**する	Study, learn 学习 Study; learn 学习
② 先生に数学の**基礎**を ☐ ● **習う・教わる**	Basics 基础 Learn, acquire 跟……学习 Learn, be taught 跟……学习
③ **知識**が増える	Knowledge 知识
④ **疑問**を持つ	Question 疑问
⑤ **実力**を ☐ ● **付ける／試す／出す**	Ability 实力 Try, test 试验，尝试
⑥ ☐ を取る ● **満点／いい成績**	Full marks 满分 Marks, grade, score 成绩
⑦ **単語**を**暗記**する	Word, vocabulary item 单词 Memorization; learn by heart 背诵
⑧ 話の**内容**を**理解**する	What was said 内容 Understanding; understand 理解
⑨ 日本語で**スピーチ**する	Speech; give a speech 演讲，发表演讲
⑩ 会話の**レベル**は ☐ だ ● **初級／中級／上級**	Level 水平 Basic level 初级 Intermediate level 中级 Advanced level 高级
★ ☐ の授業に出る ● **国語／理科／体育／数学／社会／音楽**	Japanese, the national language 日语，国语 Science 理科 Physical education 体育

2-3 やってみよう 「言葉」から太字の語を選んで、（　）に入れなさい。

(1) 一つも間違えなかったので、試験は（　　　　　）だった。

(2) 大勢の人の前だと、うまく話せなくなるので、（　　　　　）は好きじゃない。

(3) 文法は易しいけど、知らない（　　　　　）が多くて、この本は読みにくい。

(4) この本は、言葉は易しいけど、（　　　　　）は難しい。

(5) ひらがなも漢字もまだ書けなかったので、日本語学校では（　　　　　）のクラスで勉強することになった。

II. 練習しよう ≫

1 正しいほうを選びなさい。

(1) 夏休みの後、田中さんは急に成績が (a. 上がった　b. 増えた)。

(2) テストを受けてみて、自分に実力が (a. 少ない　b. ない) ことがよくわかった。

(3) 木村先生は、日本文化についての (a. 深い　b. 大きい) 知識をお持ちだ。

(4) 先生の説明がよくわからなかったので、(a. 疑問　b. 質問) をした。

(5) ジョンさんの日本語のレベルはとても (a. 大きい　b. 高い)。

2 ＿＿に似た意味の語を「言葉」の中から選び、必要なら形を変えて、(　) に入れなさい。

(1)　A：電車で学校まで通ってるんですか？

　　　B：はい。でも、(　　　　　) にはバスも使っています。

(2)　A：誰に英語を (　　　　て) るの？

　　　B：イギリス人の友達に教えてもらってるんだ。

(3)　A：先生に直してもらった作文を (　　　　　) してくる宿題が出たんだ。

　　　B：大変だね。日本語で書いたものを覚えられる？

(4)　A：先生が話をしているときに、友達と話してたら、怒られちゃった。

　　　B：授業中に (　　　　　) しちゃいけないよ。先生の話は聞かなくちゃ。

(5)　A：林君、また、(　　　　　) ですね。

　　　B：すみません。今日は授業に遅れないようにと思っていたんですが…。

(6)　A：この文章、難しくって、読んでも、全然 (　　　　　) できないんだ。

　　　B：何回も読めば、わかるようになるよ。

3 (　) に入る語を □ の中から選びなさい。

(1)　① 日本の高い技術を (　　　) ために、日本の大学に入りたい。

　　　② 自分の力を (　　　) ために、日本語能力試験を受けてみることにした。

　　　③ 宿題のプリントが多かったので、学生もプリントを (　　　) のを手伝った。

> a. 配る　　b. 試す　　c. 学ぶ

(2)　① 文法を (　　　) から、もう一度、勉強したほうがいい。

　　　② この本は、漢字を楽しく (　　　) できるように、作られている。

③ 私は早く起きるのが（　　　）で、毎日のように、授業に遅れていた。

> a.学習　　b.基礎　　c.苦手

(3) ① 小学校のときは、（　　　）が全部食べられないことが多かった。
　　② 何にも（　　　）に入っていなかったので、毎日、すぐ家に帰っていた。
　　③ （　　　）が近くなると、練習の時間も長くなって、大変だった。

> a.給食　　b.大会　　c.クラブ

4 （　）に適当な助詞を入れなさい。

(1) 日本語の授業（　　　）出席する。
(2) 日本語の授業（　　　）欠席する。
(3) 1時間目の授業（　　　）遅刻する。
(4) 1時間目の授業（　　　）間に合う。
(5) 音楽の先生（　　　）ピアノ（　　　）習う。
(6) 自転車（　　　）高校（　　　）通う。
(7) 先生が学生（　　　）テストの紙（　　　）配る。
(8) 友達（　　　）おしゃべり（　　　）する。
(9) 英語の試験（　　　）満点（　　　）取る。

5 「言葉」の語を（　）に入れて、文章を作りなさい。最初の字はヒントです。

> 　私は田舎に住んでいて、中学までは遠かったので、バスで（①つ＿＿＿）していました。学校まで行くバスは、1時間に1本しかなかったので、学校にときどき（②ち＿＿）をしてしまうことがありました。でも、体だけは丈夫だったので、授業を（③けっ＿＿）するようなことはあまりありませんでした。
> 　勉強で（④と＿＿）だったのは、国語と社会で、（⑤に＿＿）だったのは、数学と理科でした。数学の（⑥せ＿＿＿）はいつもあまりよくなかったんですが、一度だけ、テストの前の日に、私より一つ（⑦が＿＿＿）が上の（⑧ク＿＿）の先輩に（⑨お＿＿＿て）、テストで（⑩ま＿＿＿）を取ったことがありました。でも、その後は、だめでしたね。3年生になったら、数学と理科は授業の（⑪な＿＿＿）が全然（⑫り＿＿）できなくなってしまって、授業中は（⑬い＿＿＿）をしていることが多かったですね。私はあんまり真面目な学生じゃなかったんです。

I. 言葉を覚えよう ≫

1 受験勉強・試験

1-1 ウォーミングアップ

日本で大学に入りたいとき、どんなことをしなければならないと思いますか。

1-2 言葉

① □□□□の大学を受験する　● 私立／国立	Examination; take an examination 参加考试 Private 私立 National, state 国立
② 大学院に進学する	Graduate school 研究生院 Progress; make progress 升学
③ 徹夜で勉強する	Staying up all night 通宵
④ 一生懸命努力する	Effort; make efforts, show commitment 努力
⑤ ミスがないか、□□□□ 　● 確かめる・確認する	Mistake 错误 Confirm 核实 Check (n); check (v) 核实
⑥ 解答を見直す	Answer 答案 Review, revise 重新看，重新考虑
⑦ 計算を間違う	Calculation 计算 Make a mistake 弄错
⑧ 試験の結果が発表される	Results 结果 Announcement; announce 公布，口头发言
⑨ 試験に□□□□ 　● 通る・合格する・パスする／落ちる	Pass (n); pass (v) 考过，及格 Pass (n); pass (v) 考过，及格
⑩ 東京大学を不合格になる	Failure 不及格
★ □□□□を買いに行く 　● 教科書／参考書／問題集	Textbook 教材 Reference book 参考书 Exercise book 习题集
★ □□□□に入る 　● 医学部／理工学部／文学部／法学部／ 　経済学部／社会学部	Department of medicine 医学系 Department of science and technology 理工系 Department of literature 文学系 Department of law 法律系 Department of economics 经济系 Department of sociology 社会学系

1-3 やってみよう 「言葉」から（　）に入る＿＿＿＿と反対の意味の語を選びなさい。

(1) 私立大学を受ける。⇔（　　　　　　）大学を受ける。

(2) 京都大学に合格する ⇔ 京都大学を（　　　　　　）になる。

(3) 試験に落ちた原因を考える。⇔ 試験の（　　　　　　）はとてもよかった。

(4) 問題を読む。⇔（　　　　　　）を書く。

② 大学生活（だいがくせいかつ）

2-1 ウォーミングアップ

大学生（だいがくせい）は大学（だいがく）で何（なに）をしているでしょうか。日本語（にほんご）で考（かんが）えてみてください。

2-2 言葉（ことば）

① □□□ に出席（しゅっせき）する ● 講義（こうぎ）／ゼミ	Seminar	研讨课
② 田中（たなか）**教授**（きょうじゅ）の**指導**（しどう）を**受**（う）ける	Professor Coaching, guidance	教授 指导
③ 先輩（せんぱい）から □□□ をもらう ● **アドバイス／コメント**	Advice Feedback	建议 评语
④ □□□ が面白（おもしろ）い ● 授業（じゅぎょう）／研究（けんきゅう）／**実験**（じっけん）	Experiment	实验
⑤ □□□ を**提出**（ていしゅつ）する ● レポート／**課題**（かだい）／**卒業論文**（そつぎょうろんぶん）（**卒論**（そつろん））	Submission; submit Subject Graduation thesis Graduation thesis	提交，交（作业等） 课题，作业 毕业论文 毕业论文
⑥ □□□ を**払**（はら）う ● 授業料（じゅぎょうりょう）・学費（がくひ）	Tuition fees Tuition fees	学费 学费
⑦ 大学（だいがく）の**寮**（りょう）に**住**（す）む	Dormitory	宿舍
⑧ 一人（ひとり）で**暮**（く）らす（**一人暮**（ひとりぐ）らしをする）	Live Living alone	生活 独自生活
⑨ **サークル**の □□□ に行（い）く ● 飲（の）み会（かい）／**合宿**（がっしゅく）	Circle, club Student camp	社团 集训，集体住宿
⑩ **後輩**（こうはい）を**育**（そだ）てる	Junior (in Japanese senior-junior student hierarchy)	学弟，学妹
⑪ 学園祭（がくえんさい）に**参加**（さんか）する	College festival Participation; participate	校园节 参加
⑫ 海外（かいがい）の大学（だいがく）に**留学**（りゅうがく）する	Overseas study; study abroad	留学

2-3 やってみよう 「言葉（ことば）」から太字（ふとじ）の語（ご）を選（えら）んで、（　）に入（い）れなさい。

(1) レポートは7月（がつ）25日（にち）までに、（　　　　　　　）してください。

(2) 日本語（にほんご）をもっと勉強（べんきょう）したかったので、日本（にほん）に（　　　　　）することにした。

(3) 勉強（べんきょう）もしないで、テニスの（　　　　　　　）に入（はい）って、テニスばかりしている。

(4) レポートはA4、5枚（まい）ぐらいでいいけど、（　　　　　　　）はA4で50枚以上（まいいじょう）書（か）かなければならない。

(5) 勉強（べんきょう）のことで林（はやし）くんに相談（そうだん）をすると、いつもいい（　　　　　）をくれる。

II. 練習しよう ≫

1 正しいほうを選びなさい。

(1) スピーチの後に先生からコメントを (a. 受けた　b. もらった)。

(2) 先生が指導を (a. 受けて　b. して) くださったので、日本語の発音がよくなった。

(3) 試験で (a. ミス　b. パス) をしたので、今年は大学に入れなかった。

(4) 1か月3万円では、日本では (a. 住んで　b. 暮らして) いけない。

(5) 日本以外の国からこの大学の (a. 進学　b. 入学) 試験を受けに来る人もいる。

2 ＿＿に似た意味の語を「言葉」の中から選び、必要なら形を変えて、（　）に入れなさい。

(1) A：日本に来てから、初めて (　　　　　) を始めたんです。
　　B：一人で生活するって、最初は大変だよね。

(2) A：もうすぐ試験なので、森くんはとても頑張ってますよ。
　　B：本当ですね。森くんはすごく (　　　　　) してますね。

(3) A：鈴木さんは、3日間も夜、寝ないで、レポートを書いたんだって。
　　B：3日も (　　　　　) するのは、俺には無理だなあ。

(4) A：東京大学は受けないの？
　　B：先生に、東京大学を (　　　　　) しても、通るはずないって言われたんだ。

(5) A：テストを出す前に、自分の答えが正しいか、必ず (　　　　　) をしてください。
　　B：あのう、答えをチェックする時間がないときは、どうしたらいいでしょう。

(6) A：作文を書く (　　　　　) をやってこなかったら、田口先生にすごく怒られたよ。
　　B：田口先生は怖いから、自分だったら、宿題は必ず出すなあ。

3 （　）に入る語を ▢ の中から選びなさい。

(1) ① サークルの (　　　　) と飲みに行くので、私がお金を出さなければいけない。
　　② 林さんは、親に (　　　　) を出してもらっているので、アルバイトをしていない。
　　③ 大学の (　　　　) は、新しくて、部屋もきれいだった。

> a. 学費　　b. 後輩　　c. 寮

(2) ① 何回やっても、(　　　　) が合わなくて、先生と違う答えになってしまう。
　　② 明日、ゼミの (　　　　) があるのに、まだ、何にも準備が出来ていない。

③ このクラスでは、出席を（　　　　）するために、毎回、小テストが行われる。

> a.確認　　b.計算　　c.発表

(3) ① サークルの（　　　　）が友達との旅行と同じ日になって、困っている。
② 海外留学のための説明会に50人以上の学生が（　　　　）していた。
③ 水を少なくしても、お米が作れるかどうか、（　　　　）しているそうです。

> a.合宿　　b.参加　　c.実験

4 （　）に入る適当なものを□の中から選びなさい。

(1) 今日は発表（　　　　）が欠席したので、ゼミはなかった。
(2) 3月5日までに合宿（　　　　）を払わなければならない。
(3) 明日までに、大学の授業（　　　　）を払わないと、卒業できなくなる。
(4) 学園（　　　　）に有名な歌手が来て、大変なことになった。
(5) 高校3年の山田さんは、受験（　　　　）なので、毎晩、5時間も勉強している。

> a.祭　b.者　c.生　d.費　e.料

5 「言葉」の語を（　）に入れて、文章を作りなさい。最初の字はヒントです。

> 　私は東西大学理工学部の3年のタワットです。タイからの（①りゅ＿＿＿）生です。今日は、大学に入ったときの話をしたいと思います。私は、4年前に日本に来て、日本語学校で大学（②じゅ＿＿）の準備をして、大学に入りました。（②）まで1年しかなかったので、勉強はとても大変で、テストの前の日にはよく（③て＿＿）をしました。大学に入る試験を受けたときには、少し答えを（④ま＿＿＿＿）みたいなんですが、そんなに大きい（⑤ミ＿）もしなかったと思うので、（⑥ご＿＿＿）できました。私の大学は、先生方が素晴らしくて、毎日、いろいろな（⑦ア＿＿＿＿）をいただきながら、勉強を続けています。私の大学は（⑧こ＿＿＿）で、（⑨し＿＿）の大学よりは（⑩が＿＿）が安いので、それもいいと思います。私は（⑪りょ＿）に住んでいますが、（⑪）の食堂の食事もとてもおいしいんですよ。

Ⅰ．言葉を覚えよう ≫

1 就職する

1-1 ウォーミングアップ

今、どんな仕事をしていますか。将来はどんな仕事をしてみたいですか。

1-2 言葉

① □□□を募集する	Recruitment; recruit Staff member Employee	募集，招募 工作人员 公司职员
● スタッフ／社員／アルバイト（バイト）		
② 履歴書を書く	Résumé	简历
③ □□□を受ける ● 面接／入社試験	Interview Joining (a company)	面试 入职
④ 生年月日を聞かれる	Date of birth	出生年月
⑤ □□□を取る ● 資格／免許	Qualification License, permit	资格 执照
⑥ 好きな職業に就く	Occupation, job Take, engage in (a job)	职业 从事（某工作等）
⑦ 日本の企業に□□□ ● 就職する・入る	Company, enterprise Employment; get, begin (a job)	企业 就职，找到工作
⑧ 仕事を□□□ ● 辞める／首になる／失う	Quit Get the sack, be fired Lose	辞职 被辞退 失去（工作等）
⑨ 山田さんは□□□だ ● 会社員／公務員／職人／モデル／記者／ パイロット／教師／医師／看護師／ 弁護士／政治家	Civil servant, government employee Craftsman Model Reporter Pilot Teacher Doctor Nurse Lawyer Politician	公务员 工匠 模特 记者 飞行员 教师 医生 护士 律师 政客

1-3 やってみよう 「言葉」から太字の語を選んで、（　）に入れなさい。

(1) 私の（　　　　　　　）は、1998年8月20日です。

(2) 店がとても忙しいので、アルバイトを（　　　　　　　）することにした。

(3) 車を運転するのに、（　　　　　　　）証を持っていくのを忘れた。

(4) （　　　　　　　）には必ず写真を貼ってください。

(5) 日本の有名な会社に（　　　　　　　）したら、両親も喜ぶだろう。

② 仕事をする

2-1 ウォーミングアップ

もしあなたが日本の会社に入ったら、毎日、会社でどんなことをすると思いますか。

2-2 言葉

① ミーティングをする	Meeting　　　　　　　　　　会议
② 資料を配る	Documentation, materials　　資料 Hand out, circulate　　　　　分发
③ スケジュールを立てる	Schedule　　　　　　　　　　时间表
④ いいアイデアが出ない	Idea　　　　　　　　　　　　主意
⑤ 部長から指示が出る	Instructions, directions　　　指示
⑥ 作業が進む	Work, operations　　　　　　作业
⑦ 書類を整理する	Document　　　　　　　　　　文件 Arrangement, sort-out; arrange, sort out　整理
⑧ 契約を結ぶ	Contract　　　　　　　　　　合同 Sign, conclude　　　　　　　签订（合同等）
⑨ 商品を販売する	Products, goods　　　　　　商品 Sale; sell　　　　　　　　　销售
⑩ 自転車で ☐ ● 通う／通勤する	Commuting (to work); commute (to work)　上下班
⑪ 9時に出勤する	Going to work; go to work　上班
⑫ ☐ に戻る ● 事務所・オフィス／本社	Office　　　　　　　　　　办公室 Head office　　　　　　　　总公司
⑬ 深夜まで残業する	Late at night　　　　　　　深夜 Overtime; do overtime　　　加班
⑭ ☐ 仕事 ● きつい／楽な	Tough, demanding　　　　　辛苦 Easy　　　　　　　　　　　轻松
⑮ 時給1,000円のアルバイト	Hourly pay　　　　　　　　时薪
⑯ ☐ をもらう ● 給料／ボーナス	Salary　　　　　　　　　　工资 Bonus　　　　　　　　　　奖金

2-3 やってみよう 「言葉」から太字の語を選んで、（　）に入れなさい。

(1) 会社までの（　　　　　　）時間は、1時間ぐらいだ。

(2) 冬の（　　　　　　）が出たら、新しいコートが買いたい。

(3) 林さんは毎月の（　　　　　　）から5万円も親に送っている。

(4) 子供には煙草を（　　　　　　）できないことになっている。

(5) 今のバイトは、（　　　　　　）が安いので、別のバイトを探している。

II. 練習しよう 》》

1 正しいほうを選びなさい。

(1) 大学を卒業したのに、仕事にも (a.就職し　b.就か) ないで、遊んでいる。

(2) 部長が休みなので、今日は課長がみんなに指示を (a.出して　b.作って) いた。

(3) 林さんは、今日はアルバイトの (a.インタビュー　b.面接) を受けに行った。

(4) 大学生のころは、学校まで毎日自転車で (a.通って　b.通勤して) いた。

(5) 日本に留学するために、仕事を (a.失う　b.辞める) ことにした。

2 （　）に入る語を□の中から選びなさい。

(1) 私は新聞社で（　　　　　　）をしています。事件や事故があると、出かけていって、それを調べ、文章にするのが私の仕事です。

(2) 私の妹は、雑誌の（　　　　　　）をしています。私より背が高くて、痩せていて、どんな服を着ても、よく似合います。有名ではありませんが、たくさんの雑誌に出ています。

(3) 私は（　　　　　　）です。町の小さな病院で働いています。病気の人に注射を打ったり、薬を飲ませたりするだけでなく、お風呂や食事の世話をすることも仕事です。

(4) 私の父は（　　　　　　）でした。お酒を飲むと、いつも「俺みたいに役所に勤めていれば、景気が悪くなっても、仕事がなくならないから、いいぞ」と言っていました。

(5) （　　　　　　）になるのが私の夢です。私の国には、学校に行けない子供、食べるものがなくて、困っている人が大勢います。私は自分の国を変えたいんです。

(6) 今日は日本人形を作る（　　　　　　）さんに会ってきました。人形の顔を描くところを見せてもらいました。5歳のころから人形を作る手伝いをしていたそうです。

医師　看護師　記者　公務員　政治家　弁護士　職人　モデル　パイロット

3 ＿＿＿に似た意味の語を「言葉」の中から選び、必要なら形を変えて、（　）に入れなさい。

(1) A：病気になる前、部長は毎日、夜12時まで、会社に残って仕事をしてたんだよ。

　　B：そんなに（　　　　　　）してたら、誰だって病気になるよね。

(2) A：日本の会社は仕事が（　　　　　　）っていうけど、ホント？

　　B：ホントだよ。毎日、忙しくって、大変だよ。

(3) A：来月の25日は何か予定が入っている？

B：ごめん。来月は、まだ、仕事の（　　　　　　）が決まってないんだ。

(4) A：先週は土曜日も仕事をしたから、月曜日は午後から会社へ行けばいいんだ。

B：えっ、そんなに遅く（　　　　　　）してもいいの。

(5) A：夜1時とか2時とかの（　　　　　　）のバイトは、時給が昼間より上がるんだ。

B：そんな夜遅くにバイトするの。

4 （　）に入る語を□の中から選びなさい。

(1) ① 私はこの会社に35年前に（　　　　　）した。

② 野菜を切る（　　　　）をしているときに、手を切ってしまった。

③ アメリカの会社と（　　　　）を結んで、靴を輸入することになった。

> a.契約　　b.作業　　c.入社

(2) ① （　　　　）のエアコンが壊れていて、暑くて仕事ができない。

② 仕事ばかりしていては、いい（　　　　）も生まれてこない。

③ 毎週、月曜日の朝は（　　　　）をすることになっているので、遅刻できない。

> a.アイデア　　b.オフィス　　c.ミーティング

5 「言葉」の語を（　）に入れて、文章を作りなさい。最初の字はヒントです。

　　大学は出ましたが、（①しゅ＿＿＿＿）ができなくて困っていました。あるとき、あるアニメの会社が（②ス＿＿＿）を（③ぼ＿＿＿）していたので、（④り＿＿＿）を書いて、（⑤め＿＿＿）を受けに行きました。いい大学も出ていないし、運転（⑥め＿＿＿）ぐらいしか、（⑦し＿＿）も持っていなかったんですが、アニメが趣味だったので、（⑤）でアニメの話をいっぱいしたら、会社に入ることができました。でも、会社に入って最初の仕事は、事務所の掃除や、（⑧しょ＿＿）や（⑨し＿＿＿）を（⑩せ＿＿）する仕事で、すぐに会社を（⑪や＿）たくなりました。それでも、1年ぐらいしたら、アニメを作る（⑫さ＿＿＿）を手伝わせてもらえるようになりました。最初はパソコンを使って、（⑬し＿）された通りに、絵に色を付ける（⑫）をしましたが、そのときは「アニメを作る仕事に（⑭つ＿て）、よかった」と心から思いました。

14課 仕事2：コンピューター、郵便、電話など

I. 言葉を覚えよう ≫

1 コンピューター

[1-1] ウォーミングアップ

パソコンでメールを送る方法を日本語で説明してみてください。

[1-2] 言葉

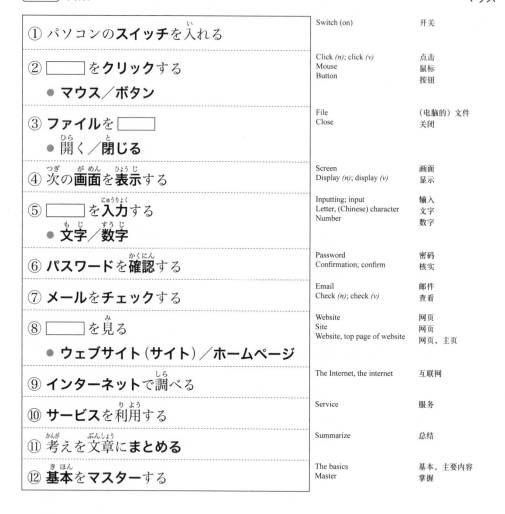

	Switch (on)	开关
① パソコンの**スイッチ**を入れる		
② ◯◯◯◯を**クリック**する ● **マウス／ボタン**	Click *(n)*; click *(v)* Mouse Button	点击 鼠标 按钮
③ **ファイル**を◯◯◯◯ ● 開く／**閉じる**	File Close	（电脑的）文件 关闭
④ 次の**画面**を**表示**する	Screen Display *(n)*; display *(v)*	画面 显示
⑤ ◯◯◯◯を**入力**する ● **文字／数字**	Inputting; input Letter, (Chinese) character Number	输入 文字 数字
⑥ **パスワード**を**確認**する	Password Confirmation; confirm	密码 核实
⑦ **メール**を**チェック**する	Email Check *(n)*; check *(v)*	邮件 查看
⑧ ◯◯◯◯を見る ● **ウェブサイト（サイト）／ホームページ**	Website Site Website, top page of website	网页 网页 网页，主页
⑨ **インターネット**で調べる	The Internet, the internet	互联网
⑩ **サービス**を**利用**する	Service	服务
⑪ 考えを文章に**まとめる**	Summarize	总结
⑫ **基本**を**マスター**する	The basics Master	基本，主要内容 掌握

[1-3] やってみよう ＿＿の必要なところに「ッ」「ン」「ー」を入れてください。

（例） コン_ピ_ュ_ー_ター

(1) イ_タ_ネ_ト

(2) ス_イ_チ

(3) ク_リ_ク

(4) ホ_ム_ペ_ジ

(5) サ_ビ_ス

(6) パ_ス_ワ_ド

② 郵便、電話など

2-1 ウォーミングアップ

国の家族や友達に何か送ったことがありますか。どんな方法で何を送りましたか。

2-2 言葉

① 書類を郵送する	Document　文件 Mail (n); mail (v)　邮寄
② 速達で手紙を出す	Express (mail)　快递
③ 手紙を配達する	Delivery; deliver　投递
④ 郵便で荷物が届く	The post　邮政 Deliver　寄到
⑤ 電話が□□□□ ● つながる／切れる	Be connected　（电话）接通 Cut out, be cut off　（电话）挂断
⑥ 友達と電話でしゃべる	Chat　说话
⑦ 先生と連絡を取る	Contact　联系
⑧ 携帯電話の電源を切る	Cellphone, mobile phone　手机 Mains, power supply　电源
⑨ マナーを守る	Manners, etiquette　礼仪 Uphold　遵守
⑩ メッセージを□□□□ ● 送る／残す／再生する	Message　信息，留言 Leave　留下 Play, replay (message)　播放（音乐等）
⑪ ファックスで送る	Fax, facsimile　传真
★ □□□□を調べる ● 郵便番号／住所／送料	Zip code, post code　邮政编码 Postage　邮费
★ □□□□で荷物を送る ● 宅配便／航空便／船便	Parcel delivery, home delivery　宅急送 Airmail　航空邮件 Sea mail, surface mail　水陆路邮件

2-3 やってみよう 「言葉」から太字の語を選んで、（　）に入れなさい。

(1) 今日の午後、母が送ってくれた荷物が家に（　　　　　　　）予定だ。

(2) （　　　　　　　）を守って、電車の中で携帯電話を使うのはやめましょう。

(3) 新聞屋さんが毎朝6時ごろに新聞を（　　　　　　　）してくれる。

(4) ボタンを押すと、電話に残された（　　　　　　　）が再生される。

(5) タクシーの中で電話をかけていると、電話が（　　　　　　　）ことがある。

Ⅱ. 練習しよう ≫

1 正しいほうを選びなさい。

(1) クラスで友達に旅行のお土産を (a.配達した　b.配った)。

(2) このボタンを (a.入れる　b.押す) と、テレビがつきます。

(3) メールを (a.チェック　b.スイッチ) した。

(4) 最近、田中さんと連絡を (a.して　b.取って) いない。

(5) パソコンの電源を切る前に、ファイルを (a.閉めて　b.閉じて) ください。

2 ( )に入る語を □ の中から選びなさい。

(1) ① ここにパスワードを (　　　) すると、ファイルが開きます。

② コンピューターで音楽を (　　　) して聞く。

③ 古いパソコンなので画面を (　　　) するスピードが遅い。

> a.入力　　b.表示　　c.再生

(2) ① 今日中にこの (　　　) に必要なことを書いて、送らなければならない。

② このファイルは壊れていて、開くと、変な (　　　) がいっぱい出てくる。

③ パソコンが苦手なので、(　　　) 的なところから勉強したい。

> a.文字　　b.基本　　c.書類

(3) ① 母が (　　　) メモには「5時に帰ります」と書いてあった。

② 彼は英語の次に中国語を (　　　)。

③ 言いたいことを一つに (　　　) ほうが、発表がわかりやすくなるよ。

> a.残した　　b.マスターした　　c.まとめた

3 次の説明に合う語を「言葉」から選んで、＿＿に書きなさい。

(1) あなonly だけしか知らない、パソコンに入力する特別な文字や数字　　＿＿＿＿

(2) 電話がつながるところに、紙に書いたものをそのまま送る機械　　＿＿＿＿

(3) 食事や運転など人が生活するときに、守らなければならないルール　　＿＿＿＿

(4) 動物の名前のついた、パソコンを使うときに使うもの　　＿＿＿＿

4 ＿＿に似た意味の語を「言葉」の中から選び、必要なら形を変えて、（　）に入れなさい。

(1)　A：郵便で送ってもいいですか。

　　　B：はい、（　　　　　　　　　）でもかまいません。

(2)　A：おかしいな。電話がかからない。

　　　B：ここは地下だから、携帯電話が（　　　　　　　　　）にくいのかもしれないよ。

(3)　A：メールより電話で（　　　　　　　　　）ほうが早いこともあるよね。

　　　B：そうですね。電話で話したほうが、書くより早いですからね。

(4)　A：帰るときに、コピー機の（　　　　　　　　　）も切ってくださいね。

　　　B：すみません。このコピー機のスイッチはどこにあるんでしょうか。

5 正しいものには〇、正しくないものには×を書きなさい。

(1)　知らない人からメールでファイルが届いたときは、開けないほうがいい。　　（　　　）

(2)　電話で頼むと、配達してくれるすし屋が日本にはある。　　（　　　）

(3)　キーボードを使わなければ、パソコンに文字を入力することはできない。　　（　　　）

(4)　速達で手紙を出せば、日本中どこでも大体1日で手紙が届く。　　（　　　）

(5)　マウスのボタンをクリックすると、ファイルを選ぶことができる。　　（　　　）

(6)　パスワードと電話番号は同じにしたほうがいい。　　（　　　）

6 「言葉」の語を（　）に入れて、文章を作りなさい。最初の字はヒントです。

　　私は毎朝、会社に来ると、まず、メールを（①チェ ＿ ＿）している。今朝もパソコンの（②ス ＿ ＿ ＿）を入れてメールを見てみた。すると、お客さんから今日の会議についてのメールが来ていた。（③ファ ＿ ＿）が付いていたので、開こうとしたが、なぜか開かなかった。会議は今日の午後なので、できれば午前中に（③）に何が書いてあるのか（④か＿ ＿ ＿）したい。お客さんと早く（⑤れ ＿ ＿ ＿）が取りたかったので、お客さんの会社に電話をしてみたが、留守だった。お客さんの（⑥け ＿ ＿ ＿ ＿ ＿ ＿ ＿）にも電話をしてみたが、電話に出なかったので、留守番電話に（⑦メ ＿ ＿ ＿ ＿ ＿）を（⑧の ＿ ＿）ことにした。

1.（　）に入れるのに最もよいものを、1・2・3・4から一つえらびなさい。（1点×8）

1 大学に入ったら、テニス（　　）に入りたい。

　　1　会　　　　　　2　学　　　　　　3　団　　　　　　4　部

2 最近の学生は（　　）が悪い。

　　1　チェック　　　2　レベル　　　　3　マナー　　　　4　ルール

3 3回電話をして、やっと電話が（　　）。

　　1　とじた　　　　2　とどいた　　　3　つづいた　　　4　つながった

4 答えが正しいか、もう一度、（　　）。

　　1　うしなった　　2　たしかめた　　3　のこした　　　4　まちがった

5 久しぶりに電話で父と（　　）。

　　1　かよった　　　2　くばった　　　3　しゃべった　　4　むすんだ

6 （　　）を見ながら、話をした。

　　1　確認　　　　　2　資格　　　　　3　資料　　　　　4　知識

7 日本語を教える先生を（　　）している。

　　1　提出　　　　　2　配達　　　　　3　募集　　　　　4　郵送

8 コンピューターに答えを（　　）させる。

　　1　計算　　　　　2　作業　　　　　3　残業　　　　　4　指導

2.＿＿に意味が最も近いものを、1・2・3・4から一つえらびなさい。（1点×4）

1 ミーティングは6時に始まります。

　　1　会議　　　　　2　参加　　　　　3　大会　　　　　4　発表

2 この仕事はらくだ。

　　1　忙しい　　　　2　簡単だ　　　　3　楽しい　　　　4　暇だ

3 日本に行ったときに、日本語もまなびたい。

　　1　説明し　　　　2　使い　　　　　3　話し　　　　　4　勉強し

4 新しい言葉を暗記するのは、大変だ。

1 おぼえる　　　 2 かく　　　　　 3 しらべる　　　 4 ならう

3. つぎのことばの使い方として最もよいものを、1・2・3・4から一つえらびなさい。(2点×4)

1 見直す

1 壊れたパソコンでも見直せば、まだ、使える。

2 学生が見直すように、一生懸命、勉強している。

3 曲がっていた線をまっすぐに見直した。

4 先生に出す前に、自分の書いた作文を見直した。

2 暮らす

1 夕方になって、だんだん日が暮らしてきた。

2 そのレストランでアルバイトを暮らしている。

3 毎朝、バスと電車で大学に暮らしている。

4 マンションで父と兄と一緒に暮らしている。

3 きつい

1 子供のときから日本語をきつく勉強したかった。

2 教室がきつくなってきたので、電気をつけた。

3 教室がきついので、テレビを置くところがない。

4 勉強がきつくて、学校を辞めたくなった。

4 整理

1 会社に入る前に、髪を整理しなければならない。

2 入学式では、整理された服を着なければならない。

3 引っ越しの前に、本を整理しなければならない。

4 頭が痛いので、病院で整理してもらわなければならない。

I. 言葉を覚えよう ≫

1 事件

1-1 ウォーミングアップ

最近、あなたの国でどんな事件がありましたか。その事件のとき、どんなことが起こりましたか。

1-2 言葉

① ［＿＿＿＿］事件が起きる ● 恐ろしい／重大な	Incident Terrible Serious	事件 可怕 重大
② トラブルを起こす	Difficulties, hassle	麻烦，纠纷
③ 人を［＿＿＿＿］ ● だます／殴る／撃つ／殺す	Cheat, deceive Beat, hit Shoot, fire Kill	欺骗 殴打 射击 杀害
④ 金を［＿＿＿＿］ ● 受け取る／奪う／隠す	Receive Seize Hide	收到 夺取 隐藏
⑤ 怪しい男がいる	Suspicious, fishy	可疑
⑥ 様子がおかしい	Appearance	样子
⑦ 被害に遭う	Damage, harm Sustain, suffer	受害 遇到（不好的事）
⑧ 警察が犯人を逮捕する	Criminal Arrest (n); arrest (v)	犯人 逮捕
⑨ 罪を認める	Crime Admit, acknowledge	罪行 承认

1-3 やってみよう （　）に入るものをア〜エから選び、会話を作りなさい。

(1)　A：どうして本当のことを言わないで、隠していたんですか。（　　　）

(2)　A：なぜ彼を殺そうとしたんですか。（　　　）

(3)　A：鼻から血が出てますよ。（　　　）

(4)　A：何が原因で死んだんですか。（　　　）

ア．B：殴られたときに、鼻が少し切れたんだと思います。

イ．B：後ろから頭を撃たれたんです。

ウ．B：私をだまして、お金を奪ったからです。

エ．B：言ったら、逮捕されると思ったからです。

② 事故

2-1 ウォーミングアップ

交通事故を見たことがありますか。どのような交通事故でしたか。

2-2 言葉

① 交通事故が**起こる**	Happen, occur	发生（事件等）
② 車とバイクが**ぶつかる**	Bump into	撞（车）
③ 車に**ひかれる**	Be run over	（被车）碾压
④ 事故の原因を**調査**する	Investigation; investigate	调查
⑤ 信号を**無視**する	Traffic lights Ignoring; ignore	红绿灯 无视
⑥ **歩道**を歩く	Sidewalk	人行道
⑦ 道路に**飛び出す**	Road, highway Jump out into	道路 突然跑出来
⑧ **スピード**を出す	Speed	速度
⑨ **ブレーキ**を踏む	Brakes	刹车
⑩ 自転車で**転ぶ**	Fall over	摔倒
⑪ 足の**骨**を折る・足を**骨折**する	Bone Bone fracture (n); fracture (v)	骨 骨折
⑫ 車に**気を付ける**	Be careful	注意，小心
⑬ 事故を**防ぐ**	Prevent	防止

2-3 やってみよう 「言葉」から太字の語を選んで、（　）に入れなさい。

(1) （　　　　　　　）が壊れて、車が止まらなくなってしまった。

(2) もっと注意していれば、その事故を（　　　　　　　）ことができただろう。

(3) その交差点では、よく事故が（　　　　　　　）。

(4) （　　　　　　　）が赤だったのに、車が止まらなかった。

(5) この道は車が多いので、（　　　　　　　）を歩かないと、危ない。

(6) 雨の日は（　　　　　　　）を出さずに、ゆっくり運転したほうがいい。

II. 練習しよう ≫≫

1 正しいほうを選びなさい。

(1) 32人もの人が亡くなるという (a.怪しい　b.恐ろしい) 事故が起こった。

(2) 自分の部屋で寝ていた女性が殺される (a.事故　b.事件) が起こった。

(3) 車がその男性に (a.ひかれる　b.ぶつかる) ところを見てしまった。

(4) 先生は私たちにとって (a.重大　b.大切) な方だ。死なないでほしい。

(5) 客の様子が (a.おかしかった　b.面白かった) ので、警察に電話をした。

(6) 隣の家も泥棒の (a.事件　b.被害) に遭ったそうだ。

(7) 万引き* は決して (a.軽い　b.低い) 罪ではない。　*万引き　Shoplifting　偷东西

2 絵を見て、( )に入る語を □ の中から選びなさい。必要があれば、正しい形にしなさい。

コンビニで(①　　　　　　)が起こった。

(②　　　　　　)は二人の男だ。痩せたほうの男はコンビニからお金を(③　　　　　て)、逃げていった。警官が逃げる男に、ピストルを(④　　　　　た)が、男は止まらない。太ったほうの男は、走るのが遅くて、すぐに警官に(⑤　　　　　)された。店員は(②　　　　　)に(⑥　　　　　た)ようで、とても痛そうだ。

| 奪う　殴る　撃つ　犯人　逮捕　事件 |

3 ＿＿ に似た意味の語を「言葉」の中から選び、必要なら形を変えて、( )に入れなさい。

(1) A：警察でも事故の原因を(　　　　　)してるけど、よくわからないらしいよ。

　　 B：事故の原因がわかるまで、よく調べてほしいなあ。

(2) A：その道は電気がなくて、夜は暗いから、注意して、運転したほうがいいよ。

　　 B：はい。(　　　　　)ます。

(3) A：山田は、隣の学校の生徒と（　　　　　　　）を起こして、怪我をさせてしまったんだ。

　　B：またですか。問題の多い学生ですね。

(4) A：警察がやっと子供を殺した犯人を捕まえたそうですよ。

　　B：悲しい事件でしたけど、犯人が（　　　　　　　）されて、よかったですね。

4 （　）に入る語を□□の中から選びなさい。

(1) ① 地下鉄で大勢の人が殺されるという（　　　　　）な事件が起こった。

　　② 妹の運転は酷い。ときどき、信号を（　　　　　）することがある。

　　③ 殴られて、顔の骨を（　　　　　）してしまった。

> a.骨折　　b.無視　　c.重大

(2) ① その女は、大勢の男性を（　　　　）、お金を取っていたらしい。

　　② 細い道から子供が（　　　　）きて、ひいてしまいそうになった。

　　③ バイクに乗っているときに、（　　　　）しまい、入院した。

> a.転んで　　b.だまして　　c.飛び出して

5 「言葉」の語を（　）に入れて、文章を作りなさい。最初の字はヒントです。

> 　最近、私の友達のリカは（①よ＿＿＿）がおかしい。3か月前、リカは結婚すると言っていたのに、先月、リカの彼が自分の部屋で（②こ＿＿＿＿＿）という（③じ＿＿＿）が起こった。この（③）の後、リカは急に服を買ったり、旅行に出かけるようになった。そして、次の彼をもう見つけたと言っている。リカが結婚すると言って、彼を（④だ＿＿て）、お金を1,000万円も（⑤う＿＿＿て）いたという話もほかの友達から聞いた。警察もリカが（⑥あ＿＿＿＿）と思って、リカから話を聞いているようだが、リカは、まだ、彼を（⑦こ＿＿＿）ことを（⑧み＿＿て）はいない。

I．言葉を覚えよう 》

1 政治

1-1 ウォーミングアップ

政治に関係することで、最近どんなニュースがありましたか。

1-2 言葉

① □□□を**選挙**で選ぶ ● **大統領／首相／リーダー**	Election, elect 選挙 President 总统 Prime minister 首相 Leader 领导
② **国民**から**信頼**される	The people 国民 Trust (n); trust (v) 信任
③ **投票**で決める	Vote, voting 投票
④ **権利**を**守る**	Right 权利 Protect (rights), keep (promise) 遵守
⑤ □□□社会を**実現**する ● **平等な／公平な**	Achievement, realization; bring about, realize 实现 Fair, equitable 平等 Just, fair 公平
⑥ **マスコミ**から**批判**される	The media, the mass media 媒体 Criticism; criticize 批评
⑦ **政府**の**責任**は重い	Government 政府 Responsibility 责任
⑧ 市民が**デモ**を行う	Demo, demonstration 抗议游行
⑨ 隣の国と**戦う**	Fight, make war with 战斗
⑩ ほかの国から**攻撃**を受ける	Attack 攻击

1-3 やってみよう 「言葉」から太字の語を選んで、（　）に入れなさい。

(1) 子供には学校に行って、教育を受ける（　　　　　）がある。

(2) 選挙のときに（　　　　　）に行かない若い人が増えている。

(3) 教育を受けられない子供が大勢いるのは、政治家の（　　　　　）だ。

(4) 男女（　　　　　）と言われているが、政治家になるのは男のほうが多い。

(5) 戦争反対の（　　　　　）をするために、大使館の近くに人が集まってきた。

(6) 誰を大統領に選ぶかは、（　　　　　）が決めることだ。

② 経済

2-1 ウォーミングアップ

仕事もなく、お金もなかったら、あなたはどうやって生活していきますか。

2-2 言葉

言葉	English	中文
① 景気がよくなる	Economic conditions	経済景气
② 物価が安定する	Price (of commodity) Stability; stabilize	物价 稳定
③ 自動車が売れる	Selling (well)	畅销
④ 定価から30%割引をする	Listed sales price, 　recommended sales price Discount	定价 折扣
⑤ 価格を値下げする	Price Price cut; cut the price	价格 降价
⑥ 損をする	Loss	损失
⑦ 会社がつぶれる	Collapse, fold	（公司）倒闭
⑧ □□□□を払う ● 税金／電気料金	Tax, taxation Charge, fee	税金 费用
⑨ 食事代を節約する	Saving; save	节约
⑩ 友達から借金をする	Debt, borrowing	借债
⑪ 銀行にお金を預ける（貯金をする）	Deposit Savings	存放 存钱
⑫ □□□□で映画が見られる ● 無料・ただ	Free, gratis Free, gratis	免费 免费
⑬ □□□□生活 ● 貧しい／豊かな	Poor, impoverished Rich, affluent	贫穷 富裕

2-3 やってみよう 「言葉」から太字の語を選んで、（ ）に入れなさい。

(1) 今日は暑いので、アイスクリームがよく（　　　　　　　）。

(2) 水道（　　　　　　　）を払うのを忘れていたら、水道を止められた。

(3) 駅の近くで、シャンプーを（　　　　　　　）で配っていた。

(4) 森さんは（　　　　　　　）家に生まれたので、中学を出ると、すぐに働き始めた。

(5) 水道代を（　　　　　　　）するために、1週間に1回しかお風呂には入らない。

II. 練習しよう ≫

1 正しいほうを選びなさい。

(1) (a.物価　b.景気) が悪いので、生活していくのも大変だ。

(2) その国は飛行機で隣の国を (a.攻撃した　b.戦った)。

(3) (a.政治　b.政府) の新しい計画に大勢の人が反対している。

(4) お金は、信頼できる友達に (a.貯金した　b.預けた)。

(5) 子供を一緒に連れていくと、食事代が500円 (a.割引　b.値下げ) になる。

2 ＿＿に似た意味の語を「言葉」の中から選び、必要なら形を変えて、（　）に入れなさい。

(1) A：新聞や雑誌に首相が悪いことをしたって書いてあったけど、本当かな？

　　B：(　　　　　　　) が言ってることは、全部が本当じゃないと思うな。

(2) A：日本は、何でも物の値段が高いので、生活が大変です。

　　B：そうですね。日本の (　　　　　　) は高いですね。

(3) A：林さんに借りたお金を返さなかったら、林さんが怒っちゃってさ。

　　B：林さんにいくら (　　　　　　) してるの？

(4) A：S社の新しいテレビは、画面は前と同じ大きさで、値段が安くなったんです。

　　B：新しくなって、(　　　　　　) になるのは、いいね。

(5) A：このレストランは、6時までに入ると、飲み物が1杯 (　　　　　　) になるんだ。

　　B：ビールもただで、飲めるかな？

(6) A：A国とB国は、30年間も戦争をしていたんだって。

　　B：そんなに長い間、(　　　　　　て) たんだ。

3 ☐の語で「無」が付くものはどれですか。「不」が付くものはどれですか。

無〜	不〜

平等　公平　安定　責任　景気　批判

4 （　）に入る語を □ の中から選びなさい。

(1) ① 若い人が自分の夢を（　　　　）できる社会を作ろう。

② 嘘ばかり言う政治家を（　　　　）しろと言われても、無理だ。

③ 今度の（　　　　）で負けたら、首相を辞めなければならないだろう。

a.実現	b.信頼	c.選挙

(2) ① 毎月、旅行に行っていたら、（　　　　）がなくなってしまった。

② 今日、その店に行けば、（　　　　）の半分の値段で、カレーが食べられる。

③ 政府が（　　　　）を使って建てた建物なので、すごく立派だ。

a.税金	b.貯金	c.定価

5 (1)から(6)を時間の古いほうから新しいほうへ並べなさい。

（　3　）→（　　　）→（　　　）→（　　　）→（　　　）→（　　　）

(1) 会社がつぶれる。

(2) 商品が売れなくなる。

(3) 景気が悪くなる。

(4) 会社が借金を返せなくなる。

(5) 値下げして、損が出る。

(6) 商品の価格を値下げする。

6 「言葉」の語を（　）に入れて、文章を作りなさい。最初の字はヒントです。

> 　来月、行われます（①せ＿＿＿）に出ることになりました、鈴木ひろゆきと申します。どうぞよろしくお願いいたします。私は、この（①）で次の五つのお約束を皆様にいたします。一つ、（②ぜ＿＿＿）を今までの半分にします。二つ、電気やガスの（③り＿＿＿＿）を（④む＿＿＿）にします。三つ、お金のある方にも（⑤ま＿＿＿）方にも（⑥こ＿＿＿）に（②）を払っていただけるように、法律を変えます。四つ、働く女性の（⑦け＿＿）を（⑧ま＿＿）ための新しい法律を作ります。五つ、日本人と外国人が（⑨び＿＿＿＿）に暮らすことのできる社会を（⑩じ＿＿＿）します。私は、皆様とのお約束を必ず（⑧）政治家です。どうぞ鈴木ひろゆきにご（⑪と＿＿＿＿）、よろしくお願いいたします。

17課 社会3：行事、宗教

Ⅰ. 言葉を覚えよう ≫

1 行事

〔1-1〕 ウォーミングアップ

新しい年が始まるとき、あなたの国では何をしますか。

〔1-2〕 言葉

① □□□□□に**参加**する ● **行事／イベント**	Participation; participate (Regularly held) event, function; 　for example, annually (One-time) event, function; 　has wider meaning than 行事	参加 活动（定期举办的活动， 　如"年中传统活动"。） 活动（只举行一次的活动。 　比「行事」使用范围更广。）
② □□□□を**祝う** ● **誕生／成人**	Celebrate Birth Coming-of-age, adulthood	庆祝 出生 成年，成年人
③ 家族と□□□□を**過ごす** ● **クリスマス／年末年始**	Spend, pass Christmas Year-end holidays, New Year's	过（日子、节日等） 圣诞节 年初年终
④ **伝統**のある祭り	Tradition	传统
⑤ 部屋に**飾り**を付ける	Decorations	装饰
⑥ □□□□の**シーズン**になる ● **卒業式／運動会**	Season ~ ceremony ~ meeting, event	季节，时节 ～仪式 ～会
⑦ **拍手**をする	Clapping	鼓掌
⑧ □□□□を**贈る** ● **お祝い／記念品**	Give, present with Congratulatory gift Souvenir, memento	赠送 贺礼，礼物 纪念品

〔1-3〕 やってみよう 「言葉」から太字の語を選んで、（　）に入れなさい。

(1) 入学の（　　　　　　　）にパソコンをもらった。

(2) 今年は冬休みが長いので、（　　　　　　　）はゆっくり過ごすことができそうだ。

(3) 私の息子の誕生を（　　　　　　　）ために、友達が大勢来てくれた。

(4) 今年はおばあちゃんの誕生日にお花を（　　　　　　　）ことにした。

(5) 日本では、二十歳になると、（　　　　　　　）式をする。

(6) お正月になっても、クリスマスの（　　　　　　　）がまだ付けたままになっていた。

2 宗教（しゅうきょう）

2-1 ウォーミングアップ

教会やお寺や神社であなたは何かをお願いしたことがありますか。

2-2 言葉（ことば）

① □□□ を信（しん）じる ● 宗教（しゅうきょう）／神（かみ）	Believe 相信 Religion 宗教 God 神
② 自分（じぶん）の**未来（みらい）を占（うらな）う**	Future 未来 Tell (someone's) fortune 占卜
③ **占（うらな）いが当（あ）たる**	Fortune-telling 占卜 Get it right, be accurate 灵验
④ 教会（きょうかい）で**結婚式（けっこんしき）を挙（あ）げる**	Wedding (ceremony) 婚礼仪式 Hold, arrange 举行（婚礼）
⑤ 寺（てら）で**葬式（そうしき）をする**	Funeral 葬礼
⑥ **手（て）を合（あ）わせる**	Put hands together (in prayer) 双手合十
⑦ **墓（はか）を建（た）てる**	Grave, tomb 墓
⑧ □□□ を願（ねが）う ● 幸（しあわ）せ・幸福（こうふく）／平和（へいわ）	Pray for 祝愿 Happiness 幸福 Happiness, content 幸福 Peace 和平
⑨ 彼（かれ）は □□□ ● 運（うん）がいい・幸運（こううん）だ・ラッキーだ	(Good or bad) fortune 运气 Good fortune 幸运 Lucky 幸运
★ □□□ を伝（つた）える ● 仏教（ぶっきょう）／キリスト教（きょう）／イスラム教（きょう）	Buddhism 佛教 Christianity 基督教 Islam 伊斯兰教

2-3 やってみよう　「言葉（ことば）」から太字（ふとじ）の語（ご）を選（えら）んで、（　）に入（い）れなさい。

(1) 占（うらな）いが本当（ほんとう）に（　　　　　　）とは思（おも）わなかった。

(2) 山口（やまぐち）さんがあの大学（だいがく）に入（はい）れたのは、（　　　　　　）がよかったからだと思（おも）う。

(3) 世界（せかい）から戦争（せんそう）がなくなって、（　　　　　　）になるように、と祈（いの）った。

(4) 彼女（かのじょ）とは別（わか）れてしまったが、彼女（かのじょ）の幸（しあわ）せを（　　　　　　）気持（きも）ちに嘘（うそ）はない。

(5) 日本人（にほんじん）は、神社（じんじゃ）やお寺（てら）に行（い）く人（ひと）でも、（　　　　　　）は信（しん）じていないという人（ひと）がいる。

(6) 私（わたし）が死（し）んだら、お（　　　　　　）は海（うみ）の見（み）えるところに建（た）ててほしい。

II. 練習しよう ≫≫

1 正しいほうを選びなさい。

(1) 先週の日曜日に (a.結婚式　b.運動会) を挙げた。

(2) 卒業式でスピーチをした山田さんにみんなが拍手を (a.あげた　b.送った)。

(3) 毎朝、学校に行く前に神社に寄っていくのが、私の (a.習慣　b.伝統) だった。

(4) お花見の時期を (a.過ぎる　b.過ごす) と、暖かくなる。

2 ＿＿に似た意味の語を「言葉」の中から選び、必要なら形を変えて、( ) に入れなさい。

(1) A：酷い事故だったのに、怪我をしなかったのは、幸運だったね。

　　B：ホント、(　　　　　　　) だったよ。

(2) A：マラソン大会に出る人は8時に学校に集まらなきゃいけないんだよ。

　　B：それなら、(　　　　　　　) するのをやめようかな。

(3) A：お父さんの誕生日に何をプレゼントすることにしたの？

　　B：時計を (　　　　　　　) ことにしたんだ。

(4) A：結婚したばかりのころは、川口さん、とても幸せそうにしてたんだけど。

　　B：(　　　　　　　) はそんなに長くは続かないんだよ。

(5) A：占いによると、僕は将来、会社の社長になるんだって。

　　B：占いで (　　　　　　　) のことがわかるはずがないと思うよ。

(6) A：神様の前では手を (　　　　　　　) って書いてあるけど、どういうこと？

　　B：こんなふうに、二つの手を開いて、手と手を一緒にするっていうことだよ。

3 ▭の語で「会」が付くものはどれですか。「式」が付くものはどれですか。

～会	～式

運動　結婚　研究　成人　卒業　誕生　入学　発表　勉強

4 （　）に入る語を□の中から選びなさい。

(1)　① 夏休みはお祭りを見に行ったり、花火大会に行ったりして、（　　　　）いた。

　　② 家族みんなで私の卒業を（　　　　）くれた。

　　③ 私がいつ結婚できるか、（　　　　）もらった。

> a.占って　　b.過ごして　　c.祝って

(2)　① 夏休みには子供のための（　　　　）がいろいろなところで行われる。

　　② 高校卒業のときの（　　　　）は時計だった。

　　③ （　　　　）を守って、祭りを続けていくのは大変だ。

> a.伝統　　b.記念品　　c.イベント

5 正しいものには〇、正しくないものには×を書きなさい。

(1)　クリスマスは仏教の行事だ。　　　　　　　　　　　　　　　　　　（　　　　）
(2)　日本にも教会で結婚式を挙げる人がいる。　　　　　　　　　　　　（　　　　）
(3)　お葬式のときはお祝いを渡す。　　　　　　　　　　　　　　　　　（　　　　）
(4)　日本では、普通、仏教を信じている人は、神社へは行かない。　　（　　　　）
(5)　日本では、死んだ人の体を焼いて、骨だけをお墓の下に入れることが多い。　（　　　　）
(6)　日本では、3月は卒業式のシーズンだ。　　　　　　　　　　　　　（　　　　）

6 「言葉」の語を（　）に入れて、文章を作りなさい。最初の字はヒントです。

> 　　日本人が何の（①しゅ＿＿＿＿＿）を（②し＿＿て）いるのか、私には全然わかりません。日本人の友達に教えてもらったのですが、子供が生まれたときには、日本では神社に行って、子供の（③た＿＿＿＿＿）を（④い＿＿）人が多いと聞きました。結婚をするときには、教会で（⑤けっ＿＿＿＿＿）を（⑥あ＿＿）人もいるそうですし、（⑦ク＿＿＿＿＿）になると、ケーキを家族で食べたりするみたいですね。人が死んだときは、お寺でお（⑧そ＿＿＿＿）をする人が多いとも聞きました。死んだ後、入るお（⑨は＿＿）もお寺にあることが多いんですよね。それに、日本人は、（⑩う＿＿＿＿）も好きみたいですよね。よく雑誌の後ろのほうのページに、誕生日や名前で（⑪う＿＿＿）（⑩）が出ていますよね。日本人が何を一番（②）いるのか、私は本当にわかりません。

18課 自然1：季節と天気、地理

Ⅰ. 言葉を覚えよう ≫

1 季節と天気

1-1 ウォーミングアップ

今日の天気はどうですか。雨は降りそうですか。寒いですか。暑いですか。

1-2 言葉

言葉	English	中文
① 気温が30度を超える	Temperature Exceed	气温 超过
② 80パーセントの確率で雨が降る	~ percent Probability	百分之~ 概率
③ 嵐が近付く	Storm Approach	暴风雨 接近
④ 雷が鳴る	Thunder, thunderstorm	雷电
⑤ 雨が激しく降る	Hard, heavily	激烈
⑥ 虹が出る	Rainbow	彩虹
⑦ 湿度が高い	Humidity	湿度
⑧ 空気が乾燥する	Dryness (n); dry (v)	干燥
⑨ 夜が明ける	End	明，结束
⑩ 太陽がまぶしい	Sun (Uncomfortably) bright	太阳 耀眼
⑪ 日が沈む	Set, go down	（太阳等）落下
⑫ 四季がある	The four seasons	四季
⑬ ☐☐☐季節になる ● 爽やかな／蒸し暑い	Bracing, refreshing Hot and humid, muggy, sultry	清爽 闷热
⑭ 梅雨に入る	Rainy season	梅雨

1-3 やってみよう 「言葉」から太字の語を選んで、（ ）に入れなさい。

(1) いい天気なので、今日はサングラスがないと、（　　　　　）。

(2) 雨の後、山と山の間にきれいに（　　　　）がかかった。

(3) 今日は暑くなって、気温も30度を（　　　　）そうだ。

(4) 日本には、春と夏と秋と冬があって、（　　　　）がはっきりしている。

(5) 天気予報で、今日、雨が降る確率は、20（　　　　）だと言っていた。

2 地理

2-1　ウォーミングアップ

あなたが生まれたところはどんなところですか。田舎ですか。海や山がありますか。

2-2　言葉

言葉	English	漢語
① 大陸から鳥が渡ってくる	The continent	大陆
② 砂漠が広がる	Desert Expand, spread	沙漠 扩大
③ 火山が爆発する	Volcano Eruption; erupt	火山 爆发
④ 川が □ ● 流れる／あふれる	Flow Flood, overflow	流淌 溢出，横流
⑤ 滝を眺める	Waterfall Look at, watch	瀑布 眺望
⑥ 湖に浮かぶ島	Lake Float	湖泊 漂浮
⑦ 農業が盛んな地域	Agriculture Region, district	农业 地域
⑧ □ に住む ● 都会／地方・田舎	City Rural area	城市 地方村镇
⑨ 故郷を離れる	Home, native place Leave, be (~km) distant from	故乡，家乡，老家 离开
⑩ ふるさとが懐かしい	Home, native place Prompting nostalgia, fond memories	故乡，家乡，老家 怀念

2-3　やってみよう　「言葉」から太字の語を選んで、（　）に入れなさい。

(1)　その（　　　　　　　）は、深さが200メートルあるという。

(2)　このまま雨が降り続けると、川の水が（　　　　　　　）かもしれない。

(3)　最近は、（　　　　　　　）よりも田舎に住みたいという人もいる。

(4)　日本は、（　　　　　　　）が多い国なので、温泉も多い。

(5)　コロンブスが見つける前から、アメリカ（　　　　　　　）には人が住んでいた。

(6)　私の町は、（　　　　　　　）が盛んで、野菜や果物がとてもおいしいところだ。

Ⅱ. 練習しよう ≫

1 正しいほうを選びなさい。

(1) 空にアイスクリームのような雲が(a.眺めて　b.浮かんで)いる。

(2) 梅雨が(a.明けて　b.近付いて)、やっと夏が来た。

(3) 雷が(a.爆発して　b.落ちて)、家が火事になった。

(4) 雪が(a.激しく　b.まぶしく)降っているので、外に出ると、危険だ。

(5) 嵐が(a.止まる　b.止む)まで、家の中にいることにした。

2 ＿＿に似た意味の語を「言葉」の中から選び、必要なら形を変えて、( )に入れなさい。

(1) A：空気が(　　　　　　)してるから、火事には注意しないとね。

　　B：空気が乾いてるときは、火事が起こりやすいからね。

(2) A：いやあ、今日は、湿度が高くて、暑いですね。

　　B：今日は(　　　　　　)ですね。

(3) A：台風が東京の近くまで来ているらしいよ。

　　B：台風が(　　　　　)てるから、こんなに雨と風が強いんだね。

(4) A：大学に入ったときに、故郷を出てから、一度も帰ったことがないんです。

　　B：そうなんですか。(　　　　　　)に帰ってみたいですか。

(5) A：(　　　　　　)が海に沈むところはとてもきれいだったよ。

　　B：日が沈むところを見たんだね。

(6) A：昨日までは暑かったけど、今日は風も涼しくて、気持ちいいね。

　　B：ホント、今日は風が(　　　　　　)だね。

3 ( )に入る語を□の中から選びなさい。

(1) ① その島は火山が(　　　　)して、出来た島だ。

　　② 水がなければ、(　　　　)で生きていくことはできない。

　　③ 今日は空に雲が全然ないから、雨が降る(　　　　)は低いと思う。

> a.確率　　b.爆発　　c.砂漠

(2) ① 山の下には大きな森が（　　　　）いた。

　　② 電車に乗って、窓から外の景色を（　　　　）いた。

　　③ 東京と大阪は400キロ以上（　　　　）いる。

a.眺めて　　b.離れて　　c.広がって

4 （　）に一番合うものをaからdの中から選びなさい。

(1) ① 川が（　　）　　a.来る

　　② 雪が（　　）　　b.晴れる

　　③ 空が（　　）　　c.降る

　　④ 台風が（　　）　　d.流れる

(2) ① 気温が（　　）　　a.沈む

　　② 滝が（　　）　　b.吹く

　　③ 風が（　　）　　c.下がる

　　④ 太陽が（　　）　　d.落ちる

(3) ① 雷が（　　）　　a.明ける

　　② 湖が（　　）　　b.あふれる

　　③ 虹が（　　）　　c.出る

　　④ 夜が（　　）　　d.鳴る

5 「言葉」の語を（　）に入れて、文章を作りなさい。最初の字はヒントです。

私の（①こ＿＿＿）は静岡県の浜松というところです。浜松の周りは、工業がとても盛んな（②ち＿＿）で、スズキやヤマハといった有名な会社があって、工場がたくさんあります。（③ち＿＿）の町ですけど、静岡県では一番大きい町で、私は、結構、（④と＿＿）だと思っています。そんな浜松には、浜名湖という（⑤み＿＿＿）もあります。ウナギというおいしい魚が取れることで有名です。私も子供のころはよくウナギを食べましたが、浜松を（⑥は＿＿て）からは、あまり食べていないので、たまにウナギを食べると（⑦な＿＿＿＿）気分になります。浜名湖には大きな橋があって、湖に（⑧う＿＿）島に渡ることができます。島にはホテルがあって、湖に日が（⑨し＿＿）ところを（⑩な＿＿）ながら、晩御飯を食べられるんですよ。

I. 言葉を覚えよう ≫

1 植物

1-1 ウォーミングアップ

花を育てたことがありますか。どうやって、育てましたか。花はどうなりましたか。

1-2 言葉

① 植物が育つ	Plant Grow	植物 生长
② 木から種が落ちる	Seed	种子
③ トマトを植える	Plant	种植
④ 芽が出る	Bud	嫩芽
⑤ 枝が伸びる	Grow bigger	长长
⑥ 日が当たる	Catch (the sun), hit	日照，向阳，碰上
⑦ 栄養を与える	Nutrition Give	营养 给予
⑧ 成長が早い	Growth	成长
⑨ 桜の花が □ ● 咲く／散る	Scatter	(花等) 凋谢，飘落
⑩ □ が出来る ● 果物・果実	Fruit	果实
⑪ ブドウを採る	Pick	采摘
⑫ 新鮮な野菜	Fresh	新鲜
⑬ 種類が豊富だ	Type, variety Be rich in	种类 丰富

1-3 やってみよう 「言葉」から太字の語を選んで、（　）に入れなさい。

(1) ここは日がよく（　　　　　）ので、花もたくさん咲いている。

(2) 朝、採ったばかりのトマトなので、とても（　　　　　）だ。

(3) ワインはブドウの（　　　　　）から作られる。

(4) 桜の花は、咲いているときよりも、（　　　　　）ときのほうがきれいだと思う。

(5) 水をあげて、二日ぐらいしたら、土の中から可愛い（　　　　　）が出てきた。

② 動物など

2-1 ウォーミングアップ

あなたはどんな動物が好きですか。ペットがいますか。

2-2 言葉

① □□□を飼う ● 生き物／ペット	Keep Creature	饲养 生物
② 1匹の猿	Monkey, ape	猴子
③ 2羽の鶏	(Classifier word for birds) Chicken, domestic fowl	只（鸟的数量词） 鸡
④ 3頭の牛	~ head (classifier word for large animals) Cow, bovine	头（大型动物的数量词） 牛
⑤ えさをやる	Feed (livestock), petfood	饲料，饵食
⑥ 虫を観察する	Observation; observe	观察
⑦ 岩の下に隠れる	Hide yourself	躲起来
⑧ 魚を逃がす	Let go, allow to escape	让……逃脱
⑨ 蚊が刺す	Mosquito Bite	蚊子 叮咬
⑩ 自然を □□□ ● 壊す／守る	Nature, the natural environment Protect, safeguard	自然 保护
⑪ 貴重な植物	Valuable, precious Plant	贵重，珍惜 植物
⑫ 数が減る	Number Decrease	数量 减少
⑬ 動物を捕ることを禁止する	Catch, take Prohibition; prohibit	捕获 禁止

2-3 やってみよう 「言葉」から語を選んで、（　）に入れなさい。

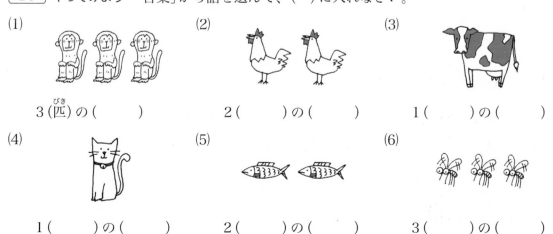

(1)　3(匹)の（　　　）

(2)　2（　　）の（　　　）

(3)　1（　　）の（　　　）

(4)　1（　　）の（　　　）

(5)　2（　　）の（　　　）

(6)　3（　　）の（　　　）

II. 練習しよう ≫

1 正しいほうを選びなさい。

(1) 小学生の息子は (a.生き物　b.植物) を飼うのが好きだ。

(2) 野菜が (a.育つ　b.育てる) には、太陽と水と栄養が必要だ。

(3) 魚を釣っても、池に全部 (a.逃がす　b.逃げる) ことにしている。

(4) 蚊に血を (a.刺された　b.吸われた)。

(5) 今年は、寒い日が多いので、野菜の成長が (a.遅い　b.低い)。

(6) 落ちている葉の裏に虫が (a.守って　b.隠れて) いることがよくある。

2 ＿＿＿ に似た意味の語を「言葉」の中から選び、必要なら形を変えて、( ) に入れなさい。

(1) A：枝が (　　　　　) 過ぎて、隣の家の庭に入っちゃってるね。

　　 B：長くなり過ぎだから、切らないといけないね。

(2) A：その鳥は、日本では数が (　　　　　) いて、ほとんど見られないそうですよ。

　　 B：そんなに数が少なくなってるんですか。

(3) A：この虫は珍しい虫なので、①捕まえることは (②　　　　　) されています。

　　 B：(①　　　　　) ては②いけないんですね。

(4) A：この果物はビタミンCが (　　　　　) で、体にいいんですよ。

　　 B：ビタミンCがたくさん入っているのはいいですね。

3 ( ) に入る語を ☐ の中から選びなさい。

(1) ① (　　　　) が足りないと、動物も植物も大きくなれない。

　　② 5年間、この森の動物や植物の (　　　　) を続けている。

　　③ この山では、いろいろな (　　　　) の花が見られる。

> a.栄養　　b.種類　　c.観察

(2) ① この鳥は、世界でも、この島にしかいない (　　　　) な鳥です。

　　② この島の (　　　　) を守るために、何ができるか、考えよう。

　　③ 動物に (　　　　) を与え過ぎるのは、よくない。

> a.えさ　　b.自然　　c.貴重

4 下のお話は、日本の昔話「さるかに合戦」です。（　）の中から語を選んで、〇を付けなさい。

むかしむかし、あるところに猿とカニ*1がいました。ある日、猿とカニが遊んでいるとき、カニがおにぎりを拾い、猿が柿*2の（①子　種　芽）を拾いました。猿はおにぎりが欲しくなったので、「おにぎりは食べたらなくなってしまうけど、柿の（①）を（②隠せば　植えれば　守れば）、いっぱい柿を（③飼える　刺せる　採れる）よ。」と言いました。そして、カニに（①）を渡し、猿はおにぎりを食べてしまいました。

カニは庭で一生懸命、柿を（④育てた　育った　成長した）ので、すぐに芽が（⑤落ちて　咲いて　出て）、どんどん（⑥伸びて　散って　出来て）、大きな木になりました。そして、おいしそうな柿がたくさん出来ました。

しかし、カニは木に登れません。カニは猿に言いました。

「木に登って、柿を（⑦散って　やって　採って）くれませんか。」猿は、木に登りましたが、自分が柿を食べるだけで（⑦）くれません。カニは「自分ばかり食べてないで、私にもください。」と言いました。すると、猿は青くて固い柿を投げました。カニは猿の投げた柿に（⑧与えて　捕まえて　当たって）、死んでしまいました。

カニが死んでしまったので、カニの子供たちは泣きました。それを見ていたカニの友達の栗*3とハチ*4と臼*5は、一緒に猿を殺す（⑨予定　約束　計画）を立てました。

ある日、カニの子は猿を家に呼びました。猿がカニの子の家に入ると、火の中から熱く焼けた栗が出てきて、猿の顔に（⑩伸び　隠れ　当たり）ました。「熱いっ！」と猿は言って、水で（⑪洗おう　冷やそう　直そう）としました。そこへハチが飛んできて、猿の目の上を（⑫殴り　刺し　だまし）ました。「うわぁ、助けてくれ！」と言って、猿は逃げようとしました。そのとき、屋根から大きな臼が落ちてきて、猿の頭に（⑬殴り　散り　当たり）ました。倒れた猿のところに、カニの子が走ってきて、猿の首をハサミで切ってしまいました。

*1 カニ　Crab　螃蟹　　*2 柿　Persimmon　柿子　　*3 栗　Chestnut　栗子　　*4 ハチ　Bee　蜜蜂　　*5 臼　Mortar (for pounding rice)　臼

1. （ ）に入れるのに最もよいものを、1・2・3・4から一つえらびなさい。（1点×8）

1 窓の外では風が（ ）吹いている。

   1　くるしく　　　　2　せまく　　　　　3　はげしく　　　　4　まぶしく

2 この果物は（ ）も一緒に食べられます。

   1　種　　　　　　　2　肉　　　　　　　3　芽　　　　　　　4　骨

3 学校の先生が学生からプレゼントやお金を（ ）はいけないと思う。

   1　受け入れて　　　2　受け付けて　　　3　受け取って　　　4　引き受けて

4 店員に（ ）、高いものを買わされた。

   1　かくされて　　　2　だまされて　　　3　ふせがれて　　　4　まもられて

5 勤めていた会社が（ ）しまった。

   1　ころんで　　　　2　しずんで　　　　3　ちって　　　　　4　つぶれて

6 外国人だから、学校に入学できないというのは（ ）ではない。

   1　貴重　　　　　　2　平和　　　　　　3　平等　　　　　　4　豊富

7 もっと安い電話会社に変えれば、電話代が（ ）できる。

   1　禁止　　　　　　2　実現　　　　　　3　借金　　　　　　4　節約

8 （ ）が足りなくて、花が咲かなかったようだ。

   1　栄養　　　　　　2　食事　　　　　　3　用事　　　　　　4　植物

2. ＿＿に意味が最も近いものを、1・2・3・4から一つえらびなさい。（1点×4）

1 彼女はまずしい家に生まれた。

   1　お金がない　　　2　兄弟が多い　　　3　庭が広い　　　　4　両親が優しい

2 このレストランはコーヒーは無料です。

   1　味がない　　　　2　お金が要らない　　　3　砂糖が入っていない　　　4　飲めない

3 動物にえさをあげないでください。

   1　生きているもの　2　大切なもの　　　3　食べ物　　　　　4　飲み物

④ うちの犬は1年間で大分成長した。

1 大きくなった　2 きれいになった 3 強くなった　　4 長くなった

3. つぎのことばの使い方として最もよいものを、1・2・3・4から一つえらびなさい。(2点×4)

① 懐かしい

1 風邪で、熱が出てしまって、懐かしかった。

2 小学校のときの友達に会えて、懐かしかった。

3 鞄がとても重くて、手が懐かしかった。

4 たくさん走ったので、体が懐かしかった。

② ふるさと

1 もう10年もふるさとに帰っていない。

2 この料理にはふるさとをたくさん使う。

3 友達の家にふるさとを持っていった。

4 日本のふるさとに入るのはとても難しい。

③ イベント

1 地震で大きなイベントが起こった。

2 試合を見るために、イベントを払った。

3 毎日したことをイベントに書いている。

4 予定されていたイベントが中止になった。

④ 地方

1 店はお客さんでいっぱいで、座る地方がなかった。

2 この作文には文法が正しくない地方がある。

3 最近、地方で働きたいという人が増えている。

4 この部屋は、窓の地方が南なので、明るい。

Ⅰ. 言葉を覚えよう ≫

1 数と量(1)

1-1 言葉

① 数／量を □ ● 増やす・増す／減らす	Number　　数 Amount　　量 Increase　　増加 Increase　　増加 Reduce　　減少
② 数／量が □ ● 増す・増える／減る	Number　　数 Amount　　量 Increase　　増加 Decrease　　減少
③ 値段が3倍になる	~ times　　～倍
④ 食べ物が □ ● 余る／不足する	Be left over, be in excess　　多余 Shortage; run short of　　不足
⑤ 数に余裕がない	Number　　数 Leeway, scope, room for　　富余
⑥ □ を数える ● 人数／個数／回数／台数	Count　　数（动词） Number (of people)　　人数 Number (of items)　　个数 Number (of times)　　次数 Number (of machines)　　台数（车等）
⑦ □ を測る ● 距離／面積／時間	Measure　　测量 Distance　　距离 Area, size　　面积
⑧ 重さを量る	Weigh　　称重
⑨ 記録を取る	Record　　记录

1-2 やってみよう 「言葉」から太字の語を選んで、（　）に入れなさい。

(1) 忙しくて、時間に（　　　　　）がない。

(2) ダイエットをするので、ご飯の量を（　　　　　）ことにした。

(3) 円が高くなったので、日本へ旅行に来る人の数が（　　　　　）かもしれない。

(4) 皆さんには簡単なテストなので、たぶん時間が（　　　　　）でしょう。

(5) 今年は、みかんが高くて、値段がいつもの年の2（　　　　　）になっている。

(6) 飛行機に乗る前には、必ず荷物の重さを（　　　　　）。

2 数と量(2)

2-1 言葉

① □の水を飲む ● **大量／少量**	Large amount of Small amount of	大量 少量
② □の人が反対している ● **多数／少数**	Majority Minority	多数 少数
③ 気温が□になる ● **マイナス／プラス**	Temperature Below zero Being above zero, increase above zero, increase (by)	気温 零下，減少 零上，増多
④ **レベル**が上がる	Level	水平
⑤ □の**サイズ**のテレビ ● **最大／最小**	Size Maximum, greatest Minimum, smallest	尺寸 最大 最小
⑥ □の**温度** ● **最高／最低／平均**	Temperature Highest Lowest Average	温度 最高 最低 平均
⑦ 砂糖を□入れる ● **たっぷり／少々**	Plenty of A little	很多，大量 稍微，少許
⑧ 塩を**加える**	Add	加入
⑨ □を集める ● **すべて／全員**	All Everybody	全部 所有人
⑩ **合計**を出す	Total	合計
⑪ **計算**を間違える	Calculation	計算

2-2 やってみよう 「言葉」から太字の語を選んで、（ ）に入れなさい。

(1) 昨日はとても寒くて、気温も今年（　　　　　）だった。

(2) この靴は（　　　　　）が小さくて、足が入らない。

(3) この前の地震は、この20年で、（　　　　　）の地震だったそうだ。

(4) ラーメンが600円、ギョウザが450円なので、（　　　　　）で1,050円だ。

(5) このスープは、牛乳をもう少し（　　　　　）と、おいしくなると思う。

(6) 答えを（　　　　　）間違えてしまったので、テストは0点だった。

II. 練習しよう ≫

1 正しいほうを選びなさい。

(1) パーティーに来ていた人の数を (a.測った　b.数えた)。

(2) 箱に入っているリンゴの (a.回数　b.個数) はいくつですか。

(3) フライパンに水を (a.少量　b.少数) 入れる。

(4) このカメラは、今売られているものの中では (a.最小　b.少量) のサイズだ。

(5) よく勉強しているので、金さんの日本語のレベルは大分 (a.増えた　b.上がった)。

2 図1を見て、文の内容が正しいものには〇、正しくないものには×を書きなさい。

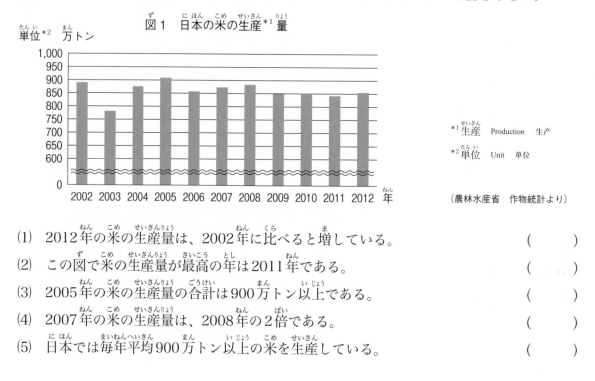

単位*2 万トン

図1　日本の米の生産*1 量

*1 生産　Production　生产

*2 単位　Unit　単位

（農林水産省　作物統計より）

(1) 2012年の米の生産量は、2002年に比べると増している。　　　　　　　（　　　）

(2) この図で米の生産量が最高の年は2011年である。　　　　　　　　　　（　　　）

(3) 2005年の米の生産量の合計は900万トン以上である。　　　　　　　　（　　　）

(4) 2007年の米の生産量は、2008年の2倍である。　　　　　　　　　　（　　　）

(5) 日本では毎年平均900万トン以上の米を生産している。　　　　　　　（　　　）

3 ＿＿に似た意味の語を「言葉」の中から選び、必要なら形を変えて、（　）に入れなさい。

(1) A：日本の広さはどのぐらいですか。

　　 B：日本の（　　　　　　　　）は大体38万平方キロメートル (km²) ぐらいです。

(2) A：日本の田舎では、お医者さんが足りなくて、困っているらしいよ。

　　 B：日本でも、田舎ではお医者さんが（　　　　　　　　）んだね。

(3) A：この店も忙しくなってきたから、アルバイトをもっと多くしたほうがいいかな。

　　 B：今より（　　　　　　　　）たほうがいいと思いますけど、給料が払えないですよ。

(4)　A：明日は、とても寒いので、東京でも気温が0度以下になるらしいよ。

　　　B：東京で気温が（　　　　　　）になるのは、よくあることですか？

(5)　A：作文のクラスの学生は、今日は、みんな来てましたよ。

　　　B：（　　　　　　）、出席ですか。珍しいですね。

4 （　）に入る語を□□の中から選びなさい。

(1)　① 母は野菜の（　　　　　）入ったスープをときどき作ってくれる。

　　　② 首から（　　　　　）の血が出たために、死んでしまった。

　　　③ この学校の学生の数は347人で、去年より25人（　　　　　）だった。

> a.大量　　　b.たっぷり　　　c.プラス

(2)　① 私のテストの点は、クラスの（　　　　　）より10点低かった。

　　　② 先生は1960年に生まれたと言ってたから、（　　　　　）すると、55歳以上だ。

　　　③ このノートに学生のテストの点を（　　　　　）している。

> a.記録　　　b.計算　　　c.平均

5 「言葉」の語を（　）に入れて、文章を作りなさい。最初の字はヒントです。

> 日本のカレールーを使った、おいしいカレーライスの作り方（4人分）
> 材料：肉（200グラム）、たまねぎ（2個）、じゃがいも（1個）、にんじん（1本）
> 　　　カレールー（1箱）、サラダ油、しょう油、お酒（①しょ＿＿＿＿＿）
> 作り方：(1) 肉と野菜を食べやすい（②サ＿＿）に切る。(2) 鍋にサラダ油を入れ、肉
> 　　　と野菜を炒める。(3) 肉と野菜の色が変わったら、水800ccを（③く＿＿て）、
> 　　　火を強くする。(4) 途中で火を弱くして、しょう油とお酒を（③）、25分ぐらい
> 　　　煮る。(5) 火を止めて、カレールーを入れて、もう5分ぐらい煮る。
> 注意：(1) 辛いものが苦手な人はカレールーの量を少し（④へ＿＿）。(2) これは4人分
> 　　　の材料だが、（⑤に＿＿＿）が増えたときには、材料も（⑥ふ＿＿）。(3) しょ
> 　　　う油、お酒のほかに、はちみつ、ヨーグルトなどを（⑦プ＿＿）してもいい。
> 　　　(4) カレーが（⑧あ＿＿＿）ときは、冷蔵庫に入れれば、3日間ぐらいは食べられる。

Ⅰ. 言葉を覚えよう ≫

1 時間(1)

1-1 言葉

① 時間が**経つ**	Elapse, pass	（时间）经过
② 予定の**時刻**を過ぎる	Time, time of day	时刻
③ 花の咲く**時期**になる	Time, season	时期
④ 休みの**期間**が長い	Time, period	期间
⑤ ビザの**期限**が**切れる**	Deadline, due date Run out, expire	期限 到期
⑥ ⬚の入院 ● **短期／長期**	Short-term Long-term	短期 长期
⑦ ⬚のアルバイト ● **日中／夜間**	During the day Night-time	白天 夜间
⑧ 会議の⬚を決める ● **日時／日程**	Date and time Schedule	日期与时刻 日程
⑨ **年間**の計画	Yearly, annual	年度
⑩ 試合を**延期**する	Postponement; postpone	延期
⑪ 時計を**合わせる**	Synchronize (time)	校准（时间）
⑫ **日付**が変わる	Date, day of the month	日期
⑬ ⬚を8時に**セット**する ● **アラーム／目覚まし時計（目覚まし）**	Setting; set (alarm) Alarm Alarm clock Alarm clock	设置 闹钟 闹钟 闹钟

1-2 やってみよう 「言葉」から太字の語を選んで、（ ）に入れなさい。

(1) 今日が何日か忘れたので、新聞を見て、今日の（　　　　　）を調べた。

(2) 雨のために運動会が（　　　　　）になった。

(3) うちの子はもう5歳になった。時間が（　　　　　）のは早い。

(4) このクレジットカードは（　　　　　）が切れているので、使えない。

(5) （　　　　　）は大分暖かくなったが、夜はまだ寒い。

(6) 試験中は携帯電話や時計の（　　　　　）などが鳴らないようしてください。

2 時間(2)

2-1 言葉

① □□□□の試験 ● 前回／今回／次回	Previous time, last time This time Next time	上次 这次 下次
② 1990年□□□に生まれた ● 以前／以後	Before ~ After ~	~之前 ~之后
③ 1時間前後で東京に着く	Approximately ~, about ~	~前后，~左右
④ 試験の□□□ ● 前日／当日／翌日	Previous day Day in question Following day, next day	前一天 当天 第二天
⑤ □□□は忙しい ● 平日／週末	Weekday Weekend	工作日，平日 周末
⑥ □□□の11月 ● 昨年／翌年	Last year Following year, next year	去年 第二年
⑦ □□□の自分 ● 過去／現在／未来	The past Currently, at the moment The future	过去 现在 未来
⑧ 現代の日本	Contemporary, modern	现代
⑨ 間もなく終わる	Soon, shortly	即将
⑩ 突然家に来る	Suddenly, sudden	突然

2-2 やってみよう 「言葉」から太字の語を選んで、( )に入れなさい。

(1) 彼は2000年に日本に来て、( )、一度も国に帰っていない。

(2) いいお天気だったのに、( )雨が降ってきた。

(3) 試験の( )に飲みに行ったので、試験の日は頭が痛かった。

(4) 前の日までいいお天気だったのに、試合( )に雨が降って、試合は中止になった。

(5) 前回のテストは酷かったが、( )のテストはよかった。

II. 練習しよう ≫≫

1 正しいほうを選びなさい。

(1) 時計が5分進んでいたので、時計を (a. 合わせた　b. セットした)。

(2) この本が借りられる (a. 期限　b. 期間) は2週間だけだ。

(3) パーティーの (a. 日付　b. 日時) は、3月8日の18時から20時と書いてあった。

(4) 駅からバスが何時に出発するか、(a. 時期　b. 時刻) を調べた。

(5) 日本に来てから、(a. しばらく　b. 間もなく) 国に帰っていない。

2 表の空いているところに適当な語を入れなさい。

前のこと		後のこと
昨日	今日	
	今週	来週
	今月	
		来年
前回		
過去		
前日		

3 ____に似た意味の語を「言葉」の中から選び、必要なら形を変えて、(　) に入れなさい。

(1) A：荷物は2時ごろにはここに届くんだよね。

　　B：はい、2時 (　　　　　) には届くと思います。

(2) A：このカメラ、安かったんだけど、買った次の日に壊れちゃったんだ。

　　B：買った (　　　　　) に壊れるようなカメラは買わないほうがいいよ。

(3) A：急に社長が亡くなってしまって、今、会社は大変だよ。

　　B：この前までお元気だったのに、それは (　　　　　) ですね。

(4) A：電車はもうすぐ来ますか。

　　B：はい、(　　　　　) 参ります。

(5) A：月曜から金曜までは夜はアルバイトをしていて、空いてないんだ。

B：(　　　　　　)の夜は忙しいんだね。

(6) A：山田さんは、昔はとても痩せていたそうですね。

B：昔は痩せていましたけど、それはもう(　　　　　　)の話ですね。

4 (　)に入る語を□の中から選びなさい。

(1) ① この島の(　　　　)の雨の量は4,000ミリを超える。

② この写真には(　　　　)が入っている。

③ (　　　　)の科学でもわからないことはある。

a.現代　　b.日付　　c.年間

(2) ① 梅雨の(　　　　)は洗濯物が乾かなくて、困る。

② 目覚ましを(　　　　)するのを忘れて、遅刻してしまった。

③ この寺は江戸時代(　　　　)に建てられたものだ。

a.以前　　b.時期　　c.セット

5 「言葉」の語を(　)に入れて、文章を作りなさい。最初の字はヒントです。

> レストラン・大磯　9月10日までの(①た＿＿)アルバイト募集
>
> 夏休みは海の近くのレストランで働こう！
>
> (②へ＿＿＿＿)10時から24時、日曜、祝日10時から22時のうちの4時間以上で、週二日以上、働ける方。自分の好きな(③にっ＿＿)で働いて、楽しくお仕事。(④しゅ＿＿＿)だけでも、OK。
>
> アルバイト(⑤き＿＿)：7月20日から9月10日まで
>
> 時給：(⑥にっ＿＿＿)10時から18時　1,000円
>
> 　　　(⑦や＿＿)18時から24時　1,100円
>
> 連絡：0463－1234－×××× 　面接の(⑧に＿＿)は相談。
>
> 住所：〒255-0003　神奈川県中郡大磯町大磯××××
>
> ＊(⑨ちょ＿＿)のアルバイトも募集中。

1. （　）に入れるのに最もよいものを、1・2・3・4から一つえらびなさい。(1点×8)

1 授業を休んだ学生の（　　）は8人だった。

   1　間　　　　　　　2　数　　　　　　　3　人　　　　　　　4　量

2 この町に来てから、3年（　　）。

   1　した　　　　　　2　しった　　　　　3　たった　　　　　4　とった

3 今日は昨日の3（　　）ぐらいお客さんが来ている。

   1　回　　　　　　　2　代　　　　　　　3　台　　　　　　　4　倍

4 日本で、（　　）7万円ぐらい買い物をした。

   1　計算　　　　　　2　計画　　　　　　3　合計　　　　　　4　予算

5 時計の（　　）を止めてしまって、朝、起きられなかった。

   1　アラーム　　　　2　セット　　　　　3　プラス　　　　　4　レベル

6 （　　）、東京では雨は降っていません。

   1　現在　　　　　　2　現代　　　　　　3　時刻　　　　　　4　時代

7 夏休み（　　）中なので、図書館も休みだ。

   1　期間　　　　　　2　期限　　　　　　3　日時　　　　　　4　日程

8 もう少し煙草を（　　）と、病気になりますよ。

   1　ふえない　　　　2　ふやさない　　　3　へらさない　　　4　へらない

2. ＿＿に意味が最も近いものを、1・2・3・4から一つえらびなさい。(1点×4)

1 買い物をする時間は<u>たっぷり</u>ある。

   1　ときどき　　　　2　すこし　　　　　3　たくさん　　　　4　まあまあ

2 学校の<u>すべて</u>の教室にテレビがある。

   1　多く　　　　　　2　全部　　　　　　3　大体　　　　　　4　半分

3 <u>日中</u>は、大体家で仕事をしている。

   1　一日中　　　　　　　　　　　　　　2　朝から夕方までは

   3　昼から夜までは　　　　　　　　　　4　夕方から夜までは

4 肉はたくさん食べているが、野菜が不足している。

1 きれない　　　2 たりない　　　3 とらない　　　4 もらえない

3. つぎのことばの使い方として最もよいものを、1・2・3・4から一つえらびなさい。（2点×4）

1 余る

1 掃除をして、ゴミが余ったら、この箱に入れてください。

2 山に行って、天気が余ったら、この傘を使ってください。

3 家に帰って、熱が余ったら、この薬を飲んでください。

4 買い物をして、お金が余ったら、私に返してください。

2 間もなく

1 コンサートは、間もなく始まった。

2 学校には、間もなく行っている。

3 教室には、間もなく学生がいた。

4 友達は、間もなく来なかった。

3 余裕

1 晩御飯のときに、食べた余裕は捨てたほうがいい。

2 映画館は、映画を見に来た人が余裕で、座れなかった。

3 車を買ったので、今は新しいパソコンを買う余裕がない。

4 将来は、会社の社長になって、余裕になりたい。

4 突然

1 最近、仕事が忙しくて、突然、テニスはしていない。

2 ここは車が多いところなので、突然、運転している。

3 健康のために、毎日、突然、野菜を食べるようにしている。

4 約束をしていないのに、山田さんが、突然、家に来た。

Ⅰ. 言葉を覚えよう ≫

1 自動詞

1-1 言葉

① 歯が**生える**	Grow, emerge	长
② スープが**冷める**	Cool down	凉了
③ 家が**燃える**	Burn	燃烧
④ 服が**目立つ**	Stand out	引人注目
⑤ 星が**輝く**	Shine, gleam, beam	耀眼，闪光
⑥ **黙って**、話を聞く	Keep quiet, shut up	沉默
⑦ 水が**たまる**	Build up, accumulate	积累
⑧ 薬がよく**効く**	Be effective, take effect	有效，好用
⑨ 社長が**代わる**	Replace, take place of	更换
⑩ 親に**頼る**	Depend on, rely on	依赖
⑪ 彼の言葉に**うなずく**	Nod (in agreement)	点头
⑫ ゲームに**飽きる**	Get bored with, tire of	厌倦
⑬ 大きな声で**叫ぶ**	Shout, call	喊叫
⑭ 車で空港に**向かう**	Head for, depart for	前往
⑮ 油は水に**浮く**	Float	漂浮
⑯ ガムが靴に**くっつく**	Stick to	紧贴在一起

1-2 やってみよう 「言葉」から太字の語を選んで、（　）に入れなさい。

(1) お金がないのはわかるけど、私に（　　　　　）のはやめてほしい。

(2) 彼は声も体も大きいから、どこにいても（　　　　　）。

(3) 早く飲まないと、コーヒーが（　　　　　）よ。

(4) 教え方の上手な田中先生に（　　　　　）先生はいない。

(5) 夏に運動をすると、汗でシャツが体に（　　　　　）ので、嫌だ。

(6) 泳いでいるときに、体が水に（　　　　　）のは、なぜだろう。

2 他動詞

2-1 言葉

番号	言葉	英語	中国語
①	ボールを**握る**	Grasp, hold onto	握住
②	皿を**重ねる**	Pile, stack	重叠
③	新聞をひもで**縛る**	Tie, bind	束，捆
④	池を石で**囲む**	Surround, ring	围绕
⑤	犬がボールを**追う**	Chase, pursue	追逐
⑥	物を大切に**扱う**	Handle, treat	处理，应对
⑦	電話代を**支払う**	Pay	支付
⑧	若い人は肉料理を**好む**	Like, be fond of	偏好
⑨	そばを**食う**	Eat	吃
⑩	人を指で**指す**	Show, point	指
⑪	地図で場所を**示す**	Show, indicate, represent	标明
⑫	夢を**語る**	Relate, talk about	讲述
⑬	楽しい時間を**過ごす**	Spend, pass	过（日子，节日等）
⑭	出発を1日**延ばす**	Extend, draw out	延长
⑮	優勝を**目指す**	Aim for	以……为目标
⑯	警察に助けを**求める**	Seek, ask for	寻求
⑰	子供を**可愛がる**	Treat with affection	疼爱
⑱	弟を**いじめる**	Bully, mistreat	欺负

2-2 やってみよう 「言葉」から太字の語を選んで、（　）に入れなさい。

(1) 試合が近いから、練習時間を一時間（　　　　　）ことにした。

(2) 言葉で説明してもわかりにくいので、絵に描いて（　　　　　）ことにした。

(3) 家族でテーブルを（　　　　　）のは久しぶりだ。

(4) 東京には、仕事を（　　　　　）人が大勢集まってくる。

(5) 最近、お正月を海外で（　　　　　）人が増えている。

II. 練習しよう ≫

1 一緒に使うものを線で結びなさい。

(1) お金、疲れ、ゴミ、宿題　　　・　　　　・　が　かがやく

(2) 月、太陽、目、顔　　　　　　・　　　　・　が　はえる

(3) 魚、肉、野菜、お菓子　　　　・　　　　・　が　たまる

(4) 書類、本、布団、シャツ　　　・　　　　・　が　きく

(5) 木、草、歯、ひげ、毛　　　　・　　　　・　を　かたる

(6) 薬、冷房、暖房、ブレーキ　　・　　　　・　を　かさねる

(7) 経験、喜び、思い出、過去　　・　　　　・　を　くう

2 □□から語を選び、適当な形に変えて（　）に入れなさい。

(1) この絵はもっと大切に（　　　　　　）ください。

(2) 何を聞いても、彼はずっと（　　　　　　）いる。

(3) このゲームにはもう（　　　　　）しまった。

(4) 子供の手を（　　　　）、信号を渡る。

(5) 火事で服も本も全部（　　　　）しまった。

(6) 女の子が男の子たちに（　　　　）、泣いていた。

(7) 林君はA大学を（　　　　）、勉強している。

(8) 王さんはカラオケで日本の歌を（　　　　）、歌う。

もえる
あきる
めざす
このむ
にぎる
いじめる
あつかう
だまる

3 助詞「が」「を」「で」「に」「へ」「と」から選んで、（　）に入れなさい。

(1) 警察官は走って逃げる泥棒（　　　）自転車（　　　）追った。

(2) 先生は、授業中に話している生徒（　　　）指して、答えさせる。

(3) 長い髪（　　　）ゴム（　　　）縛った。

(4) コンビニ（　　　）ガス代や電気代（　　　）支払うことができる。

(5) 母が事故にあったと聞いて、タクシー（　　　）病院（　　　）向かった。

(6) 山中さんは近所の男の子（　　　）自分の子供のように可愛がっている。

(7) 「わかった？」と聞くと、息子は「うん」（　　　）うなずいた。

(8) ノートにメモを書いて、大切なところ（　　　）赤い線（　　　）囲んだ。

Ⅲ. 実力を試そう ≫

1. （　）に入れるのに最もよいものを、1・2・3・4から一つえらびなさい。(1点×4)

1 図書館の本は丁寧に（　　　）ください。

    1　あつかって　　　2　あやまって　　　3　しはらって　　　4　たたかって

2 彼は私の手を（　　　）、「頑張れよ！」と言った。

    1　かたって　　　　2　しばって　　　　3　にぎって　　　　4　むかって

3 うちの子は1歳なのに、全然毛が（　　　）こない。

    1　きいて　　　　　2　のって　　　　　3　はえて　　　　　4　もえて

4 私はこの映画が大好きで、10回見ても（　　　）。

    1　あきない　　　　2　うかない　　　　3　このまない　　　4　くっつかない

2. ＿＿に意味が最も近いものを、1・2・3・4から一つえらびなさい。(1点×2)

1 この料理は、もう少しさめてから、食べたほうがおいしい。

    1　温かくして　　2　温かくなって　　3　冷たくして　　4　冷たくなって

2 石川さんはさっきからずっとだまっている。

    1　何か言っている　2　何かを見ている　3　何も言わない　4　何も見ない

3. つぎのことばの使い方として最もよいものを、1・2・3・4から一つえらびなさい。(2点×2)

1 重ねる

    1　店で働く人をもう少し重ねてほしい。
    2　父は毎晩ウィスキーに水を重ねて飲む。
    3　布団を2枚重ねても、寒くて寝られない。
    4　仕事のし過ぎで、疲れを重ねてしまう。

2 叫ぶ

    1　夜中に「助けて！」と叫ぶ女性の声が聞こえた。
    2　急に犬に「ワンワン！」と叫ばれてびっくりした。
    3　彼はとても小さい声で「もう、だめだ」と叫んだ。
    4　授業中は携帯電話の音が叫ばないようにしてください。

Ⅰ. 言葉を覚えよう ≫

1 漢語動詞 ① ～を＋動詞

1-1 言葉

① 機械を**発明**する	Invention; invent	发明
② 船を**製造**する	Manufacturing; manufacture	制造
③ 映画を**制作**する	Production; produce	制作
④ 写真を**印刷**する	Printing; print	打印
⑤ 本を**出版**する	Publishing; publish	出版
⑥ ゴミを**回収**する	Collection; collect	回收
⑦ 将来の自分を**想像**する	Imagination; imagine	想象
⑧ 自分がしたことを**反省**する	Rueful reflection on, self-examination; reflect ruefully on	反省
⑨ 病院に行くかを**判断**する	Judgment; judge	决定，判断
⑩ お客さんを**歓迎**する	Welcome (n); welcome (v)	欢迎
⑪ 犬を**訓練**する	Training, exercise; train, exercise	训练
⑫ 授業を**選択**する	Choice; choose	选择
⑬ レポートを**評価**する	Evaluation, assessment; evaluate, assess	评价，好评
⑭ お金を**管理**する	Management; manage	管理
⑮ 会社を**経営**する	Running, management; run, manage	经营
⑯ 問題を**解決**する	Settlement, solution; settle, resolve	解决
⑰ 事故を**防止**する	Prevention; prevent	防止
⑱ アメリカを**訪問**する	Visit (n); visit (v)	访问

1-2 やってみよう 「言葉」から太字の語を選んで、（　）に入れなさい。

(1) 彼の書いた小説は海外でも高く（　　　　　　）されている。

(2) レポートを書いたのに、（　　　　　　）して持ってくるのを忘れた。

(3) 牛乳を買うときは、いつ（　　　　　　）されたかをチェックするようにしている。

(4) 泥棒が家に入るのを（　　　　　　）するために、窓に鍵を二つ付けた。

② 漢語動詞 ② ～を／～に／～が＋動詞

2-1 言葉

① 円をドルに**交換**する	Exchange (n); exchange (v)	交换
② 英語を日本語に**翻訳**する	Translation; translate	翻译
③ 悪いところに薬を**使用**する	Use, application; use, apply	使用
④ 部長に問題を**報告**する	Report (n); report (v)	报告
⑤ 相手に自分の意見を**主張**する	Assertion; assert	主张
⑥ 彼の意見に**賛成**する	Approval, agreement; approve, agree	赞成
⑦ 彼女に**協力**する	Cooperation; cooperate	协助
⑧ 中国の会社に**注目**する	Focus (n); focus (v)	关注
⑨ ルールに**違反**する	Breach, violation; breach, violate	违反
⑩ 大阪に**出張**する	Business or official trip; go on a business or official trip	出差
⑪ 色が**変化**する	Change (n); change (v)	变化
⑫ 電車が**停止**する	Stop (n); stop (v)	停止
⑬ 経済が**発展**する	Development; develop	发展
⑭ 技術が**進歩**する	Progress; make progress	进步、进展
⑮ 大きな問題が**存在**する	Existence, presence; exist; be present	存在
⑯ 社長が**引退**する	Retirement; retire	引退，退职
⑰ よく考えて**行動**する	Behavior; behave, act	行动
⑱ 夜に**活動**する動物	Be active, engagement in; engage in (activity)	活动

2-2 やってみよう 「言葉」から太字の語を選んで、（　）に入れなさい。

(1) 彼は、学校の規則に（　　　　　）して、学校を辞めさせられた。

(2) 父は（　　　　　）してから、家からあまり出なくなってしまった。

(3) 世界には大体200ぐらいの国が（　　　　　）する。

(4) 私の国の言葉を日本語に（　　　　　）するのは簡単ではない。

(5) 町が（　　　　　）して、ビルやお店がどんどん出来て、住む人も増えた。

II. 練習しよう ≫

1 ＿＿の語と意味が近いものを線で結びなさい。

(1) ① テストは、終わったら、回収すると言われた。　・　　　・　a. あつめる

　　② 靴が小さいときは、交換することができるそうだ。　・　　　・　b. えらぶ

　　③ どんな仕事を選択するかで、将来が決まる。　・　　　・　c. とりかえる

(2) ① この水は、火事のときに火を消すのに使用するそうだ。　・　　　・　a. かわる

　　② 秋になると、葉の色が赤や黄に変化する。　・　　　・　b. しらせる

　　③ 社長には私から報告するつもりだった。　・　　　・　c. つかう

(3) ① 将来はゲームを制作する会社で働きたい。　・　　　・　a. かんがえる

　　② 戦争のない世界を想像することができるだろうか。　・　　　・　b. つくる

　　③ 車を決められたところに停止させる練習をした。　・　　　・　c. とめる

2 助詞「が」「を」「で」「に」「へ」「と」から選んで、（　）に入れなさい。

(1) フランスの大統領が日本（　　　　）訪問した。

(2) 田中さんの言っていること（　　　　）賛成する人は少なかった。

(3) 運転手は「私は悪くない」（　　　　）主張している。

(4) 自分が正しいということ（　　　　）主張するだけでは、だめだ。

(5) おじさんは、「よく来たね」（　　　　）私のこと（　　　　）歓迎してくれた。

(6) 私たちの計画（　　　　）山田さん（　　　　）協力してくれることになった。

(7) 私は、近所の人たち（　　　　）協力して、町の掃除をしている。

3 正しいものを全部選びなさい。

(1) 彼は、警察官になるための訓練を (a. 受けて　b. 聞いて　c. もらって) いる。

(2) 彼はどうしてこんなバカな行動を (a. 付けた　b. 取った　c. 持った) のか。

(3) 彼女は、今、日本で一番注目を (a. 開けて　b. 集めて　c. 浴びて) いる歌手だ。

(4) 人の物を盗んだのだから、謝るだけでは、解決には (a. 行か　b. 着か　c. なら) ない。

(5) ガンを治すための研究に大きな進歩が (a. あった　b. 見られた　c. 作られた)。

III. 実力を試そう ≫

1. （　）に入れるのに最もよいものを、1・2・3・4から一つえらびなさい。(1点×4)

1 紙を（　　　）したのは、中国人だそうだ。
1　発見　　　　　　2　発展　　　　　　3　発明　　　　　　4　発表

2 私の兄はレストランを（　　　）している。
1　経営　　　　　　2　経験　　　　　　3　経済　　　　　　4　経由

3 この公園は、国が（　　　）をしている。
1　管理　　　　　　2　制作　　　　　　3　製造　　　　　　4　世話

4 学校や会社の名前だけで、人を（　　　）してはいけない。
1　使用　　　　　　2　反省　　　　　　3　判断　　　　　　4　訪問

2. ＿＿＿に意味が最も近いものを、1・2・3・4から一つえらびなさい。(1点×2)

1 アメリカに出張するのは、初めてだ。
1　買い物に行く　　2　仕事で出かける　3　勉強に行く　　　4　旅行で出かける

2 自分の書いた小説を出版することになった。
1　だす　　　　　　2　つくる　　　　　3　つける　　　　　4　でる

3. つぎのことばの使い方として最もよいものを、1・2・3・4から一つえらびなさい。(2点×2)

1 活動
1　ときどき、外に出て、体を活動しないと、太ってしまう。
2　この机は活動するので、机の下も簡単に掃除できる。
3　その子供はゲームの機械を活動するのが上手だった。
4　彼等は古い服を集めて、アフリカに送る活動をしている。

2 反省
1　彼は、子供のころのことを反省して、楽しそうだった。
2　彼は、親に酷いことを言ったことを反省していた。
3　彼は、社長に反省して、言うことを聞かなかった。
4　みんなが彼の意見に反省したので、彼も困っていた。

I. 言葉を覚えよう ≫

1 い形容詞

1-1 言葉

① 背中が**かゆい**	Itchy	痒
② 太陽が**まぶしい**	(Uncomfortably) bright	耀眼
③ スカートが**きつい**	Tight, tough (job)	（衣服等）緊，辛苦
④ 昔が**懐かしい**	Prompting nostalgia, prompting fond memories	怀念
⑤ 失敗して、**悔しい**	Vexing, regrettable	不甘心
⑥ **恐ろしい**事件	Terrible	可怕
⑦ **怪しい**男	Suspicious, fishy	可疑
⑧ **親しい**友人	Close, intimate	亲密
⑨ **大人しい**子供	Meek, compliant	稳重
⑩ パソコンに**詳しい**人	Well versed in	熟悉
⑪ 味が**しつこい**	Too rich, cloying	浓腻
⑫ **鋭い**ナイフ	Sharp	敏锐，锋利
⑬ **鈍い**人	Slow-moving, dull-witted	迟钝
⑭ **貧しい**国	Poor, impoverished	贫穷
⑮ **激しい**雨	Hard, intense	激烈
⑯ お金が**もったいない**	A waste of (money, time)	可惜
⑰ **とんでもない**事件	Dreadful, awful	骇人听闻
⑱ 怒っても**仕様（しょう）がない**	Inevitable, cannot be helped	无奈

1-2 やってみよう 「言葉」から太字の語を選んで、（　）に入れなさい。

(1) 彼はカメラに（　　　　　　）ので、カメラのことを教えてもらった。

(2) 彼の家は（　　　　　　）家で、子供のころご飯もちゃんと食べられなかった。

(3) 有名なテニス選手なのに、今日は疲れているみたいで、動きが（　　　　　　）。

(4) 休みの日なのに、テレビばかり見ていたら、時間が（　　　　　　）。

2 な形容詞

2-1 言葉

① わがままな子供	Selfish	任性
② 意地悪な姉	Spiteful, ill-natured	坏心眼
③ 下品な男	Vulgar, coarse	粗鄙
④ 乱暴な運転	Rough, rude, violent	粗鲁
⑤ 派手な服	Flashy, showy	华丽
⑥ 地味な色	Plain, drab	朴素
⑦ おしゃれなレストラン	Fashionable, smart	时髦
⑧ 素敵な結婚式	Nice, pleasant	极好
⑨ 楽な仕事	Easy	轻松
⑩ 豊かな生活	Rich, affluent	富裕
⑪ 穏やかな天気	Mild, gentle	平静，平稳
⑫ ゲームに夢中だ	Fully absorbed in, crazy about	沉迷
⑬ 飛行機が無事に着く	Safely, without incident	平安
⑭ 平気で嘘をつく	Unconcerned, not worried	不在乎
⑮ 人の迷惑になる	Annoyance, trouble	令人困扰

2-2 やってみよう 「言葉」から太字の語を選んで、（ ）に入れなさい。

(1) テストで0点を取ったのに、（ 　　　　　　 ）な顔をしている。

(2) 彼は、彼女に（ 　　　　　　 ）で、デートのことばかり考えている。

(3) お客さんの（ 　　　　　　 ）を全部聞いていたら、大変だ。

(4) 怪我や病気をしないで、（ 　　　　　　 ）に家に帰ってきてほしい。

(5) 夜中にそんな大きな音を出されたら、（ 　　　　　 ）だ。

(6) ご主人は優しいし、息子さんはかっこいいし、先生のご家族は本当に（ 　　　　　　 ）だ。

(7) 仕事のときは、真面目な人と思われるように、（ 　　　　　 ）な服を選ぶ。

II. 練習しよう ≫≫

1 どんな人ですか。合う語を下の[　　]の中から選びなさい。

[怪しい　意地悪　~~親しい~~　鈍い　派手]

(例)　田中さんとは高校のとき、3年間同じクラスでした。今もよく一緒に遊びます。→田中さんは（　親しい　）友人です。

(1)　先生はいつも黄色いスーツを着ていて、赤いネクタイをよくしています。眼鏡も金色で、靴は白です。→先生はいつも（　　　　　）です。

(2)　私の弟は、クラスの女の子が親切にしてくれても、プレゼントをくれても、その女の子の気持ちに気が付きません。→弟は少し（　　　　　）です。

(3)　鈴木さんは、宿題がどこか聞いても教えてくれなかったり、パーティーがあっても私だけ誘わなかったりします。→鈴木さんは（　　　　　）だと思います。

(4)　その男は、夜、私の家の前を行ったり来たりしていました。そのうえ、私が捨てたゴミの袋を開けて調べていました。→本当に（　　　　　）男です。

2 （　）に一番合うものをaからfの中から選びなさい。

(1)　十年ぶりに中学のときの友達と会って、（　　　）。　　　　a.まぶしかった

(2)　足をたくさん蚊に刺されて、（　　　）。　　　　　　　　b.しつこかった

(3)　弟のほうが自分よりゲームをするのが上手で、（　　　）。　c.悔しかった

(4)　先週はアルバイトが忙しかったし、テストもあって、（　　　）。　d.懐かしかった

(5)　その店のラーメンは油が多過ぎて、（　　　）。　　　　　e.かゆかった

(6)　運転をしていて、暗いトンネルから急に出たら、（　　　）。　f.きつかった

3 一緒に使うものを線で結びなさい。

(1)　豊かな　　　・　　　　・　男、話し方、運転

(2)　おしゃれな　・　　　　・　天気、性格、人

(3)　乱暴な　　　・　　　　・　社会、国、生活

(4)　鋭い　　　　・　　　　・　服、眼鏡、お店

(5)　穏やかな　　・　　　　・　意見、質問、ナイフ

III. 実力を試そう ≫

1. （　）に入れるのに最もよいものを、1・2・3・4から一つえらびなさい。(1点×4)

1 47人の人が死ぬという、（　　）バスの事故が起こった。

　　1　くわしい　　　　2　したしい　　　　3　しょうがない　　4　とんでもない

2 とても（　　）人で、自分の意見もあまり言わない。

　　1　おとなしい　　　2　しつこい　　　　3　なつかしい　　　4　まずしい

3 たくさん働いても、全然生活が（　　）にならない。

　　1　地味　　　　　　2　下品　　　　　　3　楽　　　　　　　4　乱暴

4 田口さんは（　　）な人なので、怒るはずがない。

　　1　おしゃれ　　　　2　おだやか　　　　3　やわらか　　　　4　ゆたか

2. ＿＿に意味が最も近いものを、1・2・3・4から一つえらびなさい。(1点×2)

1 昨日の夜、風がはげしく吹いて、庭の木が倒れた。

　　1　とてもたくさん　2　とても冷たく　　3　とても強く　　　4　とても速く

2 飛行機の事故ほどおそろしいものはないと思う。

　　1　怖い　　　　　　2　酷い　　　　　　3　大変な　　　　　4　危険な

3. つぎのことばの使い方として最もよいものを、1・2・3・4から一つえらびなさい。(2点×2)

1 しょうがない

　　1　文法にしょうがない人にわからないところを教えてもらった。

　　2　日本に来たばかりだから、日本語が下手なのはしょうがない。

　　3　初めて富士山を見たとき、とてもしょうがない気持ちになった。

　　4　頑張ったのに、先生に怒られて、しょうがなくなった。

2 下品

　　1　昨日、買ったのに、下品なものだったので、もう壊れた。

　　2　鈴木さんは、体が下品なので、よく病気で学校を休んでいる。

　　3　お金がないので、スーパーではいつも下品なものを買っている。

　　4　山田さんはいい人なんだけど、言葉が下品なので、困る。

Ⅰ．言葉を覚えよう ≫

1 副詞 ①

1-1 言葉

① 東京まで**およそ**50分で着く	About, approximately	大概
② その時計は**かなり**高そうだ	Rather, substantially, considerably	非常
③ 熱が**多少**下がった	Somewhat	一点儿，一会儿
④ 電気が**すべて**消えた	All	全部
⑤ **まったく**日本語が話せない	Absolutely, completely	完全
⑥ **一度に**たくさんの本を運ぶ	At once, simultaneously	一次
⑦ **偶然**先生に会った	By chance, by accident	偶然
⑧ **たまに**そばを食べる	Occasionally, rarely	偶尔
⑨ 新しい服を**早速**着てみた	Immediately, straightaway	马上
⑩ **実は**お金がない	In truth, in fact	实际上
⑪ **実際に**料理を作ってみる	Actually, really	实际，亲身
⑫ **案外**レストランはすいていた	Unexpectedly	意外
⑬ **少なくとも**1時間は勉強している	At least	至少
⑭ **せっかく**作ったのに、誰も食べない	Expressly, specially	难得
⑮ **確か**森さんは39歳だったと思う	Certainly, no doubt	确实，的确
⑯ **ともかく・とにかく**遅れないで	Anyway, at any rate Anyway, at any rate	无论如何总之 无论如何总之
⑰ **思い切り・思いっ切り**泳ぎたい	(I) so much (want to) (I) so much (want to)	尽情 尽情
⑱ 兄は**わざと**負けてくれた	Deliberately, on purpose	故意

1-2 やってみよう 「言葉」から太字の語を選んで、（　）に入れなさい。

(1) お忙しいとは思いますが、（　　　　　　　）はうちにも遊びに来てください。

(2) 血が止まらないなら、（　　　　　　　）早く病院に行ったほうがいいよ。

(3) 日本語が読めると言ってしまったが、（　　　　　　　）ひらがなしか読めない。

(4) （　　　　　　　）しょう油を買っておいたと思ったんだけど、どこにもない。

2-1 言葉
ことば

	English	中文
① まさか雨が降るとは思わなかった	That's exactly what I wasn't (expecting)	怎么会，该不会……
② まるで子供みたいだ	Completely, just as if	简直像
③ もしかしたら行けないかもしれない	Might well, very likely	或许
④ もしも怪我をしたら、大変だ	If	如果
⑤ いくら探しても、見つからない	However much, however many	无论怎么也……
⑥ どうしても思い出せない	I just cannot (remember)	无论如何也……
⑦ 別に困っていない	Not particularly	没有特别……
⑧ 何で怒っているのか	Why? What for?	为什么
⑨ 間もなくバスが来る	Soon	即将
⑩ いよいよ試合が始まる	At last, finally	终于
⑪ そろそろ寝る時間だ	Polite expression used to indicate that the time for leaving or going to bed, etc. is approaching.	差不多（到时间）
⑫ さっき食べたばかりだ	Just now, a few moments ago	刚才
⑬ しばらく駅で待っていた	For a while, for the moment	一会儿，一段时间
⑭ 今にも雨が降りそうだ	At any moment, imminently	眼看要
⑮ 頑張ったが、結局だめだった	In the end, as it turned out	最终
⑯ 二人はとうとう別れた	Finally, at length	终于
⑰ ようやく病気が治った	Eventually, finally	好不容易，终于
⑱ ついに答えが見つかった	At long last, finally	终于

2-2 やってみよう 「言葉」から太字の語を選んで、（　）に入れなさい。

(1) 田中さんは、（　　　　　　）いつも赤い服を着ているのだろう。
たなか　　　　　　　　　　　　　　　　あか　ふく　き

(2) （　　　　　　）謝っても、父は怒ったままだった。
あやま　　　　ちち　おこ

(3) 私が大事に取っておいたケーキ、（　　　　　　）食べてないよね。
わたし　だいじ　と　　　　　　　　　　　　　　　た

Ⅱ. 練習しよう ≫

1 下線に注意して、一番合うものを線で結びなさい。

(1) ① いよいよ ・ ・ a. 母に会っていない／テレビを見ていた

　　② さっき ・ ・ b. 夏休みが始まる／明日はテストの日だ

　　③ しばらく ・ ・ c. 妹が帰ってきた／言ったことを忘れないで

(2) ① 今にも ・ ・ a. 夢みたいだ／台風のようだ

　　② まさか ・ ・ b. 合格するとは思わなかった／雨は降らないだろう

　　③ まるで ・ ・ c. その木は倒れそうだ／弟は泣き出しそうだった

(3) ① どうしても ・ ・ a. 用事はない／私はかまわない

　　② 別に ・ ・ b. 森さんには勝てない／彼を好きになれない

　　③ もしかしたら ・ ・ c. 兄は病気なのかもしれない／彼が好きなのかな

2 正しいほうを選びなさい。

(1) 新宿に買い物に寄ったけど、(a. 結局　b. ついに) 何も買わなかった。

(2) 今日はもう遅いので、(a. いよいよ　b. そろそろ) 帰ります。

(3) ビルが出来るまでに、(a. およそ　b. かなり) 5年かかった。

(4) 長い間病気だった祖母が (a. とうとう　b. やっと) 死んでしまった。

(5) 先生の言っていることが (a. 別に　b. まったく) わからなかった。

(6) 最近、彼にメールをしても、(a. すぐに　b. 早速) 返事をくれない。

(7) 学生を笑わせようとして、先生はいつも (a. 偶然　b. わざと) 変なことを言う。

3 正しい文になるように、①から④を並べなさい。

(1) この仕事が ___ ___ ___ ___ と思っている。

　　① テニスがしたい　　② 終わったら　　③ 日曜日までに　　④ 思い切り

(2) 長い間、___ ___ ___ ___。

　　① 待っていた　　② 待たされたが　　③ 歌手が出てきた　　④ ついに

(3) 昨日、___ ___ ___ ___ がわからない。

　　① テストが悪かったのか　　② 勉強したのに　　③ たくさん　　④ 何で

(4) 海外に ___ ___ ___ ___ みたほうがいい。

　　① 行って　　② 行かないで　　③ 心配するよりも　　④ 実際に

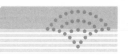

Ⅲ. 実力を試そう 》

1. （　）に入れるのに最もよいものを、1・2・3・4から一つえらびなさい。(1点×4)

1 （　　）そんなにたくさんケーキを食べられないよ。

　　1　一度　　　　　2　一度に　　　　3　偶然　　　　4　偶然に

2 山田さんは（　　）60キロはあるだろう。

　　1　かなり　　　　2　少なくとも　　3　すべて　　　4　まったく

3 林さんはもう（　　）来ると思います。

　　1　およそ　　　　2　さっき　　　　3　しばらく　　4　間もなく

4 （　　）明日、雪が降ったら、出かけるのはやめましょう。

　　1　いくら　　　　2　せっかく　　　3　もしも　　　4　もしかしたら

2. ＿＿＿に意味が最も近いものを、1・2・3・4から一つえらびなさい。(1点×2)

1 多少遅れてもかまわないので、会議には必ず出席してください。

　　1　かなり　　　　2　少し　　　　　3　大分　　　　4　たまに

2 顔は恐そうだったけど、話してみると、案外いい人だった。

　　1　思った以上に　2　思った通り　　3　思ったほど　4　思ったより

3. つぎのことばの使い方として最もよいものを、1・2・3・4から一つえらびなさい。(2点×2)

1 せっかく

　　1　林さんが作ってくれたせっかくのお菓子だから、早く食べましょう。

　　2　地震のときは、せっかく早く火を消してください。

　　3　電車の中で子供がとてもうるさかったので、せっかく父が怒り始めた。

　　4　せっかく日本語が話せないので、買い物もできない。

2 ようやく

　　1　3年かかって、ようやく新しい橋が出来た。

　　2　ようやく田口さんが駅に来るのを待っていた。

　　3　ようやく子供は寝る時間だから、寝なさい。

　　4　説明を聞いたが、ようやくわからなかった。

Ⅰ. <ruby>言葉<rt>ことば</rt></ruby>を<ruby>覚<rt>おぼ</rt></ruby>えよう ≫

① オノマトペ ①

1-1 <ruby>言葉<rt>ことば</rt></ruby>

① **ぐっすり**<ruby>寝<rt>ね</rt></ruby>る	Soundly, fast (asleep) （熟睡状）
② **じっと**<ruby>見<rt>み</rt></ruby>る／**じっと**する	Expresses fixity of look (staring), or quiet endurance 目不転睛，一动不动
③ **じろじろ**<ruby>見<rt>み</rt></ruby>る	Expresses fixity of look (staring) 盯着（看）
④ **にっこり**<ruby>笑<rt>わら</rt></ruby>う	Smile （微笑貌）
⑤ **のろのろ**<ruby>歩<rt>ある</rt></ruby>く	Sluggish; expresses slowness, heaviness 慢吞吞
⑥ **うっかり**<ruby>忘<rt>わす</rt></ruby>れる	Expresses carelessness or forgetfulness 一不小心
⑦ **こっそり**お<ruby>酒<rt>さけ</rt></ruby>を<ruby>飲<rt>の</rt></ruby>む	Secretly, stealthily 悄悄，偷偷
⑧ **そっと**ドアを<ruby>閉<rt>し</rt></ruby>める	Softly, furtively 轻轻
⑨ <ruby>一日中<rt>いちにちじゅう</rt></ruby>**ごろごろ**している	Expresses idling, lounging around 无所事事，游手好闲
⑩ いつも**にこにこ**している	Expresses smiling manner 笑眯眯
⑪ バスが<ruby>来<rt>こ</rt></ruby>なくて、**いらいら**する	Expresses state of annoyance, frustration 焦躁
⑫ <ruby>恋人<rt>こいびと</rt></ruby>が<ruby>出来<rt>でき</rt></ruby>て、**うきうき**している	Expresses state of cheerfulness, lightheartedness 高高兴兴
⑬ <ruby>発表<rt>はっぴょう</rt></ruby>があるので、**どきどき**する	Expresses pulsation, throbbing 忐忑不安，心脏狂跳不止
⑭ <ruby>明日<rt>あす</rt></ruby>から<ruby>旅行<rt>りょこう</rt></ruby>で、**わくわく**している	Expresses state of excitement, nervousness 万分激动
⑮ <ruby>試合<rt>しあい</rt></ruby>に<ruby>負<rt>ま</rt></ruby>けて、**がっかり**している	Expresses sense of disappointment 失望
⑯ テストが<ruby>終<rt>お</rt></ruby>わって、**ほっと**している	Expresses sense of relief 松了一口气
⑰ <ruby>熱<rt>ねつ</rt></ruby>が<ruby>高<rt>たか</rt></ruby>くて、**ふらふら**する	Feel dizzy, unstable 头晕
⑱ <ruby>英語<rt>えいご</rt></ruby>が**ぺらぺら**だ	Expresses fluency in a language 流畅

1-2 やってみよう 「<ruby>言葉<rt>ことば</rt></ruby>」から<ruby>太字<rt>ふとじ</rt></ruby>の<ruby>語<rt>ご</rt></ruby>を<ruby>選<rt>えら</rt></ruby>んで、（ ）に<ruby>入<rt>い</rt></ruby>れなさい。

(1) <ruby>寝<rt>ね</rt></ruby>ている<ruby>赤<rt>あか</rt></ruby>ちゃんを<ruby>起<rt>お</rt></ruby>こさないように、（　　　　　　）<ruby>布団<rt>ふとん</rt></ruby>をかけた。

(2) <ruby>日本<rt>にほん</rt></ruby>に５<ruby>年<rt>ねん</rt></ruby>も<ruby>住<rt>す</rt></ruby>んでいるので、<ruby>日本語<rt>にほんご</rt></ruby>が（　　　　　　）だ。

(3) <ruby>酒<rt>さけ</rt></ruby>は<ruby>医者<rt>いしゃ</rt></ruby>に<ruby>止<rt>と</rt></ruby>められているのに、<ruby>父<rt>ちち</rt></ruby>は（　　　　　　）<ruby>飲<rt>の</rt></ruby>んでいたようだ。

(4) <ruby>昨日<rt>きのう</rt></ruby>はあまり<ruby>寝<rt>ね</rt></ruby>られなかったけど、<ruby>今日<rt>きょう</rt></ruby>は（　　　　　　）<ruby>寝<rt>ね</rt></ruby>られた。

2 オノマトペ ②

2-1 言葉

① **ぐんぐん**背が伸びる	Expresses steady growth or improvement	快速
② 仕事に**すっかり**慣れる	Expresses completeness, wholeness	完全
③ サイズが**ぴったり**合う	Expresses exactness (of fit), perfection	正好，严实
④ 授業に**ぎりぎり**間に合う	Used for when a situation is touch-and-go, or time is running out, or when something is a close call	极限，勉强达到的状态
⑤ 朝御飯を**しっかり**食べる	Properly, rigorously	好好，坚强
⑥ 靴を**ぴかぴか**に磨く	Expresses brightness, shininess	闪闪发光
⑦ お菓子が**ぎっしり**入っている	Expresses tightness, closeness (of packing or stacking)	满满
⑧ 野菜が**たっぷり**入っている	Plenty of	大量
⑨ 味が**さっぱり**している	Expresses sense of refreshment or tidiness, neatness	清爽
⑩ 机の上が**ごちゃごちゃ**している	Expresses messiness, confusion, disorder	乱七八糟
⑪ 事故で車が**めちゃくちゃ**になる	Expresses messiness, confusion, disorder	一塌糊涂
⑫ 教室が**しんと・しいんと**なる	Expresses silence, stillness Expresses silence, stillness	鸦雀无声 鸦雀无声
⑬ 服が**ぼろぼろ**だ	Expresses worn-out or tattered state	破烂不堪
⑭ 星が**きらきら**光る	Expresses sparkling or twinkling quality	耀眼
⑮ 電車が**がらがら**だ	Expresses emptiness, lack (of passengers, customers, etc.)	空空荡荡
⑯ 歯が**ぐらぐら**する	Be wobbly, unsteady	摇摇晃晃
⑰ みんな意見が**ばらばら**だ	Expresses diversity, disparity, variety	各不相同
⑱ お母さんに**そっくり**だ	Expresses close resemblance	一模一样

2-2 やってみよう 「言葉」から太字の語を選んで、（　）に入れなさい。

(1) レストランの中はお客さんがあまりいなくて、（　　　　　　　）だった。

(2) 地震で建物が（　　　　　　）ゆれた。

(3) 夜の町はとても静かで、（　　　　　　）していた。

(4) レポートを出すのは来月なので、まだ時間は（　　　　　　）ある。

(5) 彼はまだ若いのに、（　　　　　　）とした考えを持っている。

II. 練習しよう ≫≫

1 一緒に使うものを線で結びなさい。

(1) ① じろじろ　・　　　・ a.光る　　　　(2) ① ぴったり　・　　　・ a.上がる、伸びる

　　② にっこり　・　　　・ b.見る　　　　　　② ぎりぎり　・　　　・ b.着く、合格する

　　③ ぴかぴか　・　　　・ c.笑う　　　　　　③ ぐんぐん　・　　　・ c.合う、付ける

(3) ① ぎっしり　・　　　・ a.忘れる、春になる

　　② すっかり　・　　　・ b.乗る、並ぶ

　　③ たっぷり　・　　　・ c.食べる、遊ぶ

2 （　）に一番合うものをaからcの中から選びなさい。

(1) ① レストランで頼んだものがすぐに出てこなくて、（　　　　）。　a.ほっとした

　　② 無くしたサイフが見つかって、（　　　　）。　　　　　　　　b.わくわくした

　　③ 私の好きな歌手が日本に来ると聞いて、（　　　　）。　　　　c.いらいらした

(2) ① お酒の飲み過ぎで、（　　　　）。　　　　　　　　　　　　　a.うきうきする

　　② もうすぐ夏休みだと思うと、（　　　　）。　　　　　　　　　b.ふらふらする

　　③ 食事の後にお茶を飲むと、口の中が（　　　　）。　　　　　　c.さっぱりする

(3) ① 歩くと、足が痛いので、（　　　　）。　　　　　　　　　　　a.そっとしておいた

　　② 振られたばかりなので、彼のことは、（　　　　）。　　　　　b.ごちゃごちゃしていた

　　③ 駅の近くはお店がたくさんあって、（　　　　）。　　　　　　c.じっとしていた

(4) ① 山田さんは明るい人で、いつも（　　　　）。　　　　　　　　a.にこにこしている

　　② 首に付けたネックレスが（　　　　）。　　　　　　　　　　　b.どきどきしている

　　③ 宿題を忘れて、先生に怒られるかと思って、（　　　　）。　　c.きらきらしている

3 正しいものを一つ選びなさい。

(1) 長い間履いたので、靴がぼろぼろ（a.した　b.している　c.だ）。

(2) 挨拶がちゃんとできる、しっかり（a.した　b.な　c.の）子供だ。

(3) 借りたお金を返さないというのは、めちゃくちゃ（a.した　b.な　c.の）話だ。

(4) 私のテストの点を見て、母はがっかり（a.した　b.な　c.の）顔をしていた。

(5) お皿が割れて、ばらばら（a.した　b.していた　c.になった）。

/10点

III. 実力を試そう ≫

1. （　）に入れるのに最もよいものを、1・2・3・4から一つえらびなさい。(1点×4)

1 休みの日は何もしないで、家で（　　）していることが多い。

　　1　いらいら　　　　2　ごろごろ　　　　3　のろのろ　　　　4　ばらばら

2 駅からずっと走ってきたので、まだ（　　）している。

　　1　うきうき　　　　2　どきどき　　　　3　にこにこ　　　　4　わくわく

3 久しぶりに髪を切って、（　　）した。

　　1　うっかり　　　　2　さっぱり　　　　3　しっかり　　　　4　すっかり

4 掃除をしたので、部屋中（　　）だ。

　　1　きらきら　　　　2　ぴかぴか　　　　3　ぺらぺら　　　　4　ぼろぼろ

2. ＿＿に意味が最も近いものを、1・2・3・4から一つえらびなさい。(1点×2)

1 事故があったようで、車がのろのろとしか進まない。

　　1　こっそり　　　　2　ぐっすり　　　　3　はっきり　　　　4　ゆっくり

2 山田さんと田中さんは本当にそっくりだ。

　　1　仲がいい　　　　2　仲が悪い　　　　3　似ている　　　　4　太っている

3. つぎのことばの使い方として最もよいものを、1・2・3・4から一つえらびなさい。(2点×2)

1 うっかり

　　1　日本の生活にもうっかり慣れてきた。

　　2　夜中に急に電話が鳴って、うっかりした。

　　3　うっかりしていて、ドアのカギを閉めるのを忘れた。

　　4　今日は天気がいいので、富士山がうっかり見えた。

2 すっかり

　　1　毎日、すっかり文法の勉強をしてください。

　　2　山田さんの病気はもうすっかりよくなった。

　　3　彼がこちらのほうを見て、すっかり笑った。

　　4　言いたいことを言ったら、気持ちがすっかりした。

6課 間違えやすい漢語

Ⅰ. 言葉を覚えよう ≫

1 な形容詞と間違えやすいもの

[1-1] 言葉

● 「な形容詞」ではないもの

① 一流の大学	First-rate	一流
② 一部の学生	Some of	一部分
③ 最新の研究	Latest	最新的
④ 最終の飛行機	Last, final	末班，最后
⑤ 流行の服	Fashion, fad	流行
⑥ 実際の話	Actual, real	现实生活中的
⑦ 頭痛がする	Headache	头痛
⑧ 余裕のある生活	Leeway, scope, room for	富余

● 「～する」が付くもの

⑨ 安定した生活	Stability; stabilize	稳定
⑩ 緊張した声	Tension; be tense, nervous	紧张
⑪ 混雑したバス	Congestion; be congested	拥挤
⑫ 科学が発達した国	Development; develop	发达
⑬ 水が不足する	Shortage; run short of	不足
⑭ 意見が一致する	Consistency, agreement; be consistent with	一致
⑮ 頭が混乱する	Confusion; be confused	混乱

[1-2] やってみよう 「言葉」から太字の語を選んで、（　）に入れなさい。

(1) （　　　　　　　）の電車が行ってしまったので、タクシーで帰るしかない。

(2) 今日は、酷い（　　　　　　　）がして、授業を聞いていられなかった。

(3) その飛行機は、（　　　　　　）の飛行機なのに、故障が多い。

(4) この教科書を使えば、（　　　　　　　）の会話で使われている言葉を勉強できる。

(5) 先生の教え方が下手で、生徒が（　　　　　　　）してしまった。

2 する動詞と間違えやすいもの、「的」が付くもの

2-1 言葉

● 「〜する動詞」ではないもの

① 日本に**関心**がある	Interest	关注，感兴趣
② 勝つ**自信**がある	Confidence	自信
③ 痛いという**感覚**はない	Feeling, sensation	感觉
④ 教科書を**参考**にする	Reference	参考
⑤ 結婚したことを**秘密**にする	Secret	秘密
⑥ 歌がうまいと**評判**だ	Reputation	评价，声誉
⑦ 彼は広島の**出身**だ	Place of origin, alma mater, background	祖籍，出身
⑧ 映画に**夢中**だ	Fully absorbed in	沉迷
⑨ 掃除をするのが**面倒**だ	Bother, trouble	麻烦
⑩ 台風の**被害**を受ける	Damage, harm	受害

● 「〜的」が付くもの

⑪ **感動**的な話	Be impressed, be touched	感动
⑫ **基本**的な質問	Basic	基本
⑬ **現実**的な計画	Realistic	现实
⑭ **積極**的な人	Positive	积极
⑮ **伝統**的な文化	Traditional	传统
⑯ **平均**的な値段	Average	平均
⑰ **理想**的な相手	Ideal, optimal	理想

2-2 やってみよう 「言葉」から太字の語を選んで、（　）に入れなさい。

(1) 私は、北海道（　　　　　　）なので、暑いところはあまり好きではない。

(2) あの大学は、日本語を勉強するのには、（　　　　　　）的な大学だ。

(3) とても（　　　　　）的な映画だったので、お客さんはみんな泣いていた。

Ⅱ. 練習しよう ≫

1 正しいものを全部選びなさい。

(1) 国から両親が来るので、一流 (a. 的な　b. な　c. の) ホテルを予約した。

(2) 知らない人と話すと、緊張 (a. して　b. になって)、うまく話せなくなる。

(3) 旅行に行ったときは、その国の伝統 (a. 的な　b. な　c. している) 料理を食べたい。

(4) 川口くんは流行 (a. 的な　b. な　c. の) 音楽をいつも聞いている。

(5) 彼女は、その大学に入るには、日本語力が不足 (a. だ　b. している) と思う。

(6) 弟は、ゲームに夢中 (a. していて　b. で　c. になっていて)、全然勉強しない。

(7) 自分から積極 (a. して　b. 的に　c. に) 意見を言う学生は少なかった。

2 (　) に入るものをaからeの中から選びなさい。2回使うものもあります。

a. が出て　　b. になって　　c. にして　　d. をかけて　　e. を持って

(1) 最近、彼は日本のアニメに関心 (　　　　) いる。

(2) 私がここに来ていることは、秘密 (　　　　) ください。

(3) その映画はとても面白いと評判 (　　　　) いる。

(4) 約束の時間に遅れないように、余裕 (　　　　)、出かけることにした。

(5) 病気で学校を休んでしまって、友達に面倒 (　　　　) しまった。

(6) 台風で家がたくさん壊れる被害 (　　　　)、大変なことになった。

(7) 会話の練習は十分したのだから、自信 (　　　　)、話したほうがいい。

(8) 友達のレポートを参考 (　　　　)、自分もレポートを書いた。

3 ＿＿のところを正しい形に直しなさい。

(例) 日本のような、医学が発達な国に住みたい。	→	発達した
(1) 経済が安定になれば、私の国ももっとよくなると思う。	→	＿＿＿＿＿
(2) お昼だったので、レストランの中は混雑だった。	→	＿＿＿＿＿
(3) 基本な練習をたくさんしないと、野球は上手にならない。	→	＿＿＿＿＿
(4) その国では、一部な人たちしか車を買えない。	→	＿＿＿＿＿
(5) 彼女の意見と私の意見が珍しく一致になった。	→	＿＿＿＿＿
(6) 夢みたいな話じゃなくて、もっと現実な話をしてください。	→	＿＿＿＿＿

III. 実力を試そう ≫

1. （　）に入れるのに最もよいものを、1・2・3・4から一つえらびなさい。（1点×4）

1　手が冷たくなり過ぎて、指の（　　）がない。

   1　感覚　　　　　2　感動　　　　　3　感心　　　　　4　感謝

2　彼の顔は、日本人らしい、（　　）的な顔だと思う。

   1　一部　　　　　2　実際　　　　　3　積極　　　　　4　平均

3　戦争のすぐ後だったので、日本の社会も（　　）していた。

   1　安定　　　　　2　混雑　　　　　3　混乱　　　　　4　発達

4　日本（　　）のカメラ工場がその町にはある。

   1　最終　　　　　2　最新　　　　　3　最多　　　　　4　最大

2. ＿＿に意味が最も近いものを、1・2・3・4から一つえらびなさい。（1点×2）

1　大勢の人の前で話をしなければならないので、緊張している。

   1　いらいら　　　2　ごろごろ　　　3　どきどき　　　4　わくわく

2　うちの夫は仕事に夢中で、日曜日も仕事をしている。

   1　仕事の夢を見ていて　　　　　　2　仕事に夢を持っていて

   3　仕事以外のことに興味がなくて　　4　仕事以外にすることがなくて

3. つぎのことばの使い方として最もよいものを、1・2・3・4から一つえらびなさい。（2点×2）

1　余裕

   1　料理を作り過ぎてしまって、たくさん余裕が出来てしまった。

   2　お腹に余裕の肉が付いて、太ってしまった。

   3　お金がないので、新しいパソコンを買う余裕はない。

   4　まだ終わっていない、余裕の宿題を早くやらなければならない。

2　評判

   1　頭はよかったが、その学生の評判はよくなかった。

   2　テストで評判が高かった人は、上のクラスに行ける。

   3　来週、テストがあるという評判は嘘らしい。

   4　先生が、私の作文の上のところに評判を押してくれた。

Ⅰ. 言葉を覚えよう ≫

1 動詞、名詞

1-1 言葉

	Replace; replacement	交換
① 鍵を (**交換**する・**取り替える**)		
② 道具を棚に (**戻す**・**返す**)	Return, give back	放回
③ 絵を (**気に入る**・**好きになる**)	Like, be pleased with	満意, 喜欢, 中意
④ 入学を (**許可**する・**許す**)	Permission; permit Permit, allow	准许 准许
⑤ 結婚を (**あきらめる**・**やめる**)	Give up, abandon	放弃
⑥ 最初から (**やり直す**・**もう一度する**)	Redo, go over again	重新做
⑦ 車に (**気を付ける**・**注意する**)	Be careful of	注意, 小心
⑧ 病気で (**苦労**する・**大変だ**)	(Experience) hardship, difficulty; 　troublesome, difficult	辛苦
⑨ 仕事が多くて、(**くたびれる**・**疲れる**)	Get tired, be tired	疲劳
⑩ (**決まり**・**ルール**・**規則**) を**守る**	Agreed arrangement Keep, follow	规定 遵守
⑪ (**プラン**・**計画**) を立てる	Plan	计划
⑫ (**わけ**・**理由**) を聞く	Reason, ground	原因
⑬ (**長所**・**よいところ**) を褒める	Merit, advantage	长处
⑭ (**短所**・**欠点**・**悪いところ**) がある	Demerit, shortcoming Defect, shortcoming	短处 缺点
⑮ (**共通点**・**同じところ**) がある	Shared characteristic, point in common	相同点
⑯ いい (**アイデア**・**考え**) がある	Idea Thought, idea, opinion	主意 想法
⑰ (**イメージ**・**印象**) がよくない	Image Impression	印象 印象
⑱ (**レベル**・**程度**) が低い	Level Degree, extent	水平 程度
⑲ 普通の (**暮らし**・**生活**)	Livelihood, daily life Life	生活 生活
⑳ 文法の (**誤り**・**間違い**)	Error, mistake Error, mistake	错误 错误

1-2 やってみよう 「言葉」から太字の語を選んで、( ) に入れなさい。

(1) 遅れた ( ) を言う。　　(2) 彼の ( ) はすぐに怒ることだ。

(3) 旅行の ( ) を立てる。　　(4) 漢字の ( ) を直した。

2 形容詞、副詞、オノマトペ

2-1 言葉

① 仕事が（**きつい**・大変だ）	Tough, demanding	辛苦
② 熱が高くて、（**苦しい**・**我慢**できない）	Painful, in discomfort Endurance; put up with, tolerate	痛苦 忍耐
③ （**短気**な・すぐ怒る）人	Short-tempered	急脾气
④ （**賢い**・頭がいい）子供	Intelligent	聡明
⑤ （**幼い**・小さい）ころからの友達	Little, very young	年幼
⑥ 答えは（**単純**だ・**シンプル**だ）	Simple Simple, basic	簡単 簡単
⑦ 叱られて、（**当然**だ・**当たり前**だ）	As a matter of course, goes without saying As a matter of course, goes without saying	当然 当然
⑧ （**さっき**・少し前に）聞いた	Just now, a few moments ago	剛才
⑨ （**この頃**・最近）とても忙しい	These days, nowadays	最近
⑩ （**年中**・いつも）けんかしている	All year round, always	全年
⑪ （**突然**・急に）雨が降ってきた	Suddenly	突然
⑫ （**再び**・もう一度）来る	Once more, again	再次
⑬ （**なるべく**・できるだけ）早くする	As … as possible, if possible	尽量
⑭ （**絶対**に・**必ず**）勝つ	For sure, absolutely, definitely	絶対
⑮ 値段が（**相当**・**かなり**）違う	Somewhat, considerably Rather, substantially, considerably	相当 非常
⑯ あの兄弟は（**そっくり**だ・よく似ている）	Expresses close resemblance	一模一样
⑰ 頭が（**ぼんやり**する・はっきりしない）	Vaguely, vacantly, dimly	迷迷糊糊，隐约
⑱ いつも（**にこにこ**している・楽しそうに笑っている）	Expresses smiling manner	笑眯眯

2-2 やってみよう 「言葉」から太字の語を選んで、（ ）に入れなさい。

(1) 勉強していないから、テストの点が悪いのは（　　　　　）だ。

(2) 何かいいことがあったのか、山田さんが、今日はずっと（　　　　　）している。

(3) 先生と（　　　　　）会える日を楽しみにしている。

(4) 前は映画をよく見たけど、（　　　　　）あまり見ない。

(5) S社のスマホは、A社のスマホと（　　　　　）だった。

II. 練習しよう ≫

1 意味が近いものを線で結びなさい。

(1) ① 幼い　・　　　・ プラン　　(2) ① 取り替える　・　　　・ やめる

　② 計画　・　　　・ 必ず　　　　② 気を付ける　・　　　・ 疲れる

　③ 絶対に　・　　　・ レベル　　　③ 返す　・　　　・ 交換する

　④ 程度　・　　　・ 決まり　　　　④ あきらめる　・　　　・ 注意する

　⑤ ルール　・　　　・ 小さい　　　⑤ くたびれる　・　　　・ 戻す

(3) ① 暮らし　・　　　・ 相当　　(4) ① なるべく　・　　　・ できるだけ

　② 間違い　・　　　・ 誤り　　　　② 共通点　・　　　・ やり直す

　③ かなり　・　　　・ 年中　　　　③ 少し前に　・　　　・ 同じところ

　④ いつも　・　　　・ イメージ　　④ もう一度する　・　　　・ よいところ

　⑤ 印象　・　　　・ 生活　　　　　⑤ 長所　・　　　・ さっき

2 助詞「が」「を」「で」「に」「へ」「と」から選んで、（　）に入れなさい。

(1) 両親に反対されて、留学（　　　　）あきらめた。

(2) 日本語を勉強するとき、漢字（　　　　）苦労した。

(3) 使ったら、元の場所（　　　　）戻してください。

(4) 娘は私（　　　　）そっくりだ。

3 ☐ から語を選び、適当な形に変えて（　）に入れなさい。

(1) ① 鈴木君は、授業中、いつも（　　　　　）。

　② 父は（　　　　　）ことを言っている。

　③ 赤い靴が（　　　　　）ので、すぐに買ってしまった。

| 気に入る |
| 当然 |
| ぼんやり |

(2) ① この犬は（　　　　　）ので、私の言う事をよく理解している。

　② 林さんはいつも（　　　　　）、怒った顔を見たことがない。

　③ 年を取って、力の要る仕事が（　　　　　）なってきた。

| 賢い |
| きつい |
| にこにこ |

(3) ① （　　　　　）事故がなければ、彼は生きていたと思う。

　② 森さんは、たくさん食べ過ぎたので、（　　　　　）そうだ。

　③ コンピューター室には、（　　　　　）人しか入れない。

| 許可する |
| 苦しい |
| 突然 |

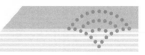

III. 実力を試そう ≫

1. ＿＿＿に意味が最も近いものを、1・2・3・4から一つえらびなさい。(1点×12)

1 先生は学生に携帯電話を使うことを<u>許可した</u>。

  1　しないと言った　　　　　　　　2　しなければいけないと言った。

  3　してはいけないと言った　　　　4　してもいいと言った

2 山田さんの<u>印象</u>はあまりよくなかった。

  1　イメージ　　　　2　スタイル　　　　3　スピーチ　　　　4　プラン

3 山中さんは<u>短気な</u>人だったので、みんな困っていた。

  1　すぐ怒る　　　2　すぐ注意する　　3　すぐ病気になる　4　すぐ泣く

4 <u>絶対に</u>日本に行きたい。

  1　必ず　　　　　2　とても　　　　3　なるべく　　　　4　再び

5 「宿題を無くす」というのは、いい<u>かんがえ</u>だと思う。

  1　アイデア　　　2　プラン　　　　3　パターン　　　　4　ルール

6 月が<u>ぼんやりと</u>見えていた。

  1　明るく　　　　2　暗く　　　　　3　はっきりと　　4　はっきりとではなく

7 彼の立てた計画は<u>シンプル</u>だ。

  1　誤り　　　　　2　決まり　　　　3　相当　　　　　4　単純

8 この本を読むと、昔の日本人の<u>くらし</u>について知ることができる。

  1　共通点　　　　2　苦労　　　　　3　欠点　　　　　4　生活

9 毎日、漢字の勉強だけをするのは、<u>我慢できない</u>。

  1　あきらめる　　2　かしこい　　　3　くるしい　　　4　くたびれる

10 私は、<u>おさない</u>とき、よく海に行った。

  1　きつい　　　　2　ちいさい　　　3　ひまな　　　　4　わかい

11 <u>さっき</u>、中山さんに会った。

  1　少し後に　　　2　大分後に　　　3　少し前に　　　4　大分前に

12 このカメラはとても高いものなので、<u>気を付けて</u>ください。

  1　あきらめて　　2　交換して　　　3　注意して　　　4　戻して

8課 語形成

Ⅰ. 言葉を覚えよう ≫

1 複合語

1-1 言葉

① 友達を**見送る**	See off, give a send-off	送行
② 計画を**見直す**	Review, revise	重新考慮
③ 反対意見を**受け入れる**	Accept	接受
④ 荷物を**受け取る**	Receive	收到
⑤ 仕事を**引き受ける**	Take on, accept	接受
⑥ 結婚を**申し込む**	Apply for, propose	申请
⑦ ホテルの予約を**取り消す**	Cancel, annul	取消
⑧ 練習を**繰り返す**	Repeat	反复
⑨ 掃除を**やり直す**	Redo, go over again	重新做
⑩ 気持ちが**落ち着く**	Calm, composed	平静
⑪ カーテンで部屋を**区切る**	Demarcate, separate, punctuate	划分
⑫ 素晴らしい本に**出会う**	Come across, meet	遇见
⑬ 料理が**出来上がる**	Complete, finish off	完成
⑭ 駅の前を**通り過ぎる**	Pass by, pass through	通过
⑮ 二人で将来について**話し合う**	Discuss, thrash out	商量，沟通
⑯ 仕事の**打ち合わせ**をする	Preparatory meeting	事先碰头磋商
⑰ 先生と駅で**待ち合わせ**をする	Rendezvous, appointment	会面
⑱ 旅行の**行き先**を決める	Destination	目的地

1-2 やってみよう 「言葉」から太字の語を選んで、（ ）に入れなさい。

(1) 絵が（　　　　）までにあと1週間はかかるだろう。

(2) 部長と来週の予定の（　　　　）をすることになった。

(3) 先生に作文を出す前にもう一度（　　　　）ことにした。

(4) 田中さんと6時に新宿で（　　　　）の約束をしたのに、来なかった。

2 ほかの言葉に付くもの

2-1 言葉

① 大〜 大雨、大通り、大掃除	Heavy ~, main ~, big ~	大〜
大〜 大家族、大問題、大先輩	Large ~, major ~, great ~	大〜
② 各〜 各部屋、各家庭、各大学	Each ~	各个~
③ 片〜 片方、片足、片側	Single ~	单~
④ 全〜 全世界、全試合、全生徒	The whole ~, all the ~	全~
⑤ 元〜 元社長、元夫、元大統領	Former ~	原~
⑥ 翌〜 翌年、翌朝、翌春	Next/following ~	第二~
⑦ 〜毎 半年毎、季節毎、クラス毎	Once every ~, by ~	每~
⑧ 〜差 3点差、1分差、10円差	A difference of ~	差~
⑨ 〜産 北海道産、中国産、外国産	Product of ~	~产
⑩ 〜着 東京着、10時着、4月7日着	Arrival in/at/on ~	~到
⑪ 〜発 大阪発、3時半発、明後日発	Departing at/from ~	~出发
⑫ 〜風 西洋風、田舎風、学生風	-style, -like	~风格
⑬ 〜沿い 川沿い、通り沿い、海岸沿い	Along the ~	沿~
⑭ 〜付き カメラ付き、家具付き、食事付き	Equipped, furnished with ~	附带~
⑮ 〜引き 100円引き、5%引き、2割引き	~ off	~折扣
⑯ 〜振り 5年振り、1か月振り、3日振り	For the first time in ~	时隔~
⑰ 〜向き 東向き、外向き、反対向き	Facing ~	~朝向
⑱ 〜行き 京都行き、空港行き、東京方面行き	Bound for ~, heading for/toward ~	去往~

2-2 やってみよう 「言葉」から太字の語を選んで、( )に入れなさい。

(1) 怪我で( )手が使えない。　(2) 窓が北( )で、部屋が暗い。

(3) 祖父は( )医者だ。　(4) 道( )に店がたくさんある。

(5) 仕事で( )失敗をした。　(6) その寺の建物は中国( )だ。

(7) 動物園( )のバスがここから出ている。

II. 練習しよう ≫

1 一緒に使うものを線で結びなさい。

(1) ① 全 ・　　　　・ 週、晩、冬　　　　(2) ① 家、町、1週間 ・　　　　・ 産

　　② 大 ・　　　　・ 成功、満足、都会　　　② 空港、明日、京都 ・　　　・ 毎

　　③ 翌 ・　　　　・ 人口、問題、学生　　　③ 日本、沖縄、国内 ・　　　・ 着

(3) ① 手紙、プレゼント、お金を ・　　　・ 区切る

　　② 失敗、戦争、説明を ・　　　・ 受け取る

　　③ 時間、土地、話を ・　　　・ 繰り返す

(4) ① 試合、デート、インタビューを ・　　　・ 取り消す

　　② 交差点、橋、私の横を ・　　　・ 通り過ぎる

　　③ 注文、約束、合格を ・　　　・ 申し込む

2 助詞「が」「を」「で」「に」「へ」「と」「の」から選んで、（　）に入れなさい。

(1) 3年振り（　　　）国に帰った。　　　　(2) 寮の各部屋（　　　）冷蔵庫がある。

(3) 靴を30%引き（　　　）買えた。　　　(4) 野球の試合で2点差（　　　）負けた。

(5) 電池を反対向き（　　　）入れてしまった。

(6) ホテル代は朝食付き（　　　）1泊9,000円だった。

(7) 上野行き（　　　）電車がまだ来ない。

(8) そのレストランは季節毎（　　　）メニューが変わる。

(9) 京都で美しい着物の女性（　　　）出会った。

(10) 日本での生活（　　　）落ち着いたら、友達にも手紙を書くつもりだ。

3 ＿＿の語と意味が近いものを線で結びなさい。

(1) ① アメリカ産の果物は安い。 ・　　　・ a.を出た

　　② ロンドン発の飛行機が1時間も遅れている。 ・　　　・ b.のような

　　③ 会社員風の男が部屋に入ってきた。 ・　　　・ c.で作られた

(2) ① 練習を繰り返すことで、会話は上手になる。 ・　　　・ a.もう一度する

　　② 問題に間違いがあって、試験をやり直すことになった。 ・　　　・ b.相談をする

　　③ 先生に何をプレゼントするか、クラスで話し合うそうだ。 ・　　　・ c.何度もする

III. 実力を試そう ≫

1. （ ）に入れるのに最もよいものを、1・2・3・4から一つえらびなさい。(1点×4)

① 山田さんは頼んだことを何でも（ ）くれる。

  1 受け取って   2 取り替えて   3 取り消して   4 引き受けて

② 駅の階段で転んで、（ ）怪我をしてしまった。

  1 大   2 新   3 全   4 最

③ 東京へ行くとき、家族が駅まで（ ）に来てくれた。

  1 見送り   2 見直し   3 見舞い   4 見つかり

④ その絵は横（ ）に置いてください。

  1 沿い   2 引き   3 向き   4 行き

2. ＿＿に意味が最も近いものを、1・2・3・4から一つえらびなさい。(1点×2)

① 私たちはコンサートの前に何度も打ち合わせをした。

  1 けんか   2 失敗   3 相談   4 練習

② 日本に来たのは5年前の12月だが、翌年の4月には大学に入学していた。

  1 前の年   2 次の年   3 1年前   4 1年後

3. つぎのことばの使い方として最もよいものを、1・2・3・4から一つえらびなさい。(2点×2)

① 受け入れる

  1 パソコンが壊れて、メールが受け入れられない。

  2 今日は部屋の掃除は夫が受け入れてくれることになっている。

  3 日本に来た両親を空港まで受け入れに行った。

  4 新しい考え方が受け入れられるには時間がかかる。

② 行き先

  1 旅行のとき、行き先でいろいろなものを買った。

  2 学校へ行き先に買い物をしなければならない。

  3 父は行き先も言わないで、どこかへ出かけた。

  4 大切にしていた時計の行き先がわからなくなった。

もぎしけん
模擬試験

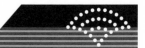

1. （　）に入れるのに最もよいものを、1・2・3・4から一つえらびなさい。（1点×10）

1 彼女はサイフを盗んだことを（　　）。

　　1　あきらめた　　　2　ながめた　　　　3　みとめた　　　　4　もとめた

2 先生のことは（　　）忘れません。

　　1　偶然　　　　　　2　最大　　　　　　3　絶対　　　　　　4　是非

3 あの店は（　　）がよくない。

　　1　サービス　　　　2　トラブル　　　　3　ファッション　　4　レベル

4 この本は読む（　　）があります。

　　1　価値　　　　　　2　価格　　　　　　3　値段　　　　　　4　評価

5 （　　）が鳴っているときは、家の中にいたほうがいい。

　　1　雨　　　　　　　2　嵐　　　　　　　3　雷　　　　　　　4　雪

6 山田さんは私のことを（　　）見ていた。

　　1　きらきら　　　　2　じっと　　　　　3　しんと　　　　　4　ぎりぎり

7 今日は、晴れて、空気もとても（　　）。

　　1　さわやかだ　　　2　たかい　　　　　3　むしあつい　　　4　おだやかだ

8 （　　）を持っていないと、車の運転はできない。

　　1　契約　　　　　　2　確認　　　　　　3　免許　　　　　　4　約束

9 大学のときに（　　）していた友達と久しぶりに会う。

　　1　くるしく　　　　2　したしく　　　　3　なつかしく　　　4　はげしく

10 来年、結婚することを先生や友達に（　　）した。

　　1　指導　　　　　　2　配達　　　　　　3　報告　　　　　　4　郵送

2. ＿＿に意味が最も近いものを、1・2・3・4から一つえらびなさい。(1点×5)

1 歌はあまり<u>得意ではない</u>。

  1 面白くない   2 好きではない   3 知らない   4 上手ではない

2 日本に来た<u>翌年</u>にこの会社に入った。

  1 最初の年   2 その年   3 次の年   4 前の年

3 テストの前にノートを<u>みなおす</u>ことにした。

  1 もう一度覚える   2 もう一度見る   3 見て覚える   4 見て直す

4 雪を見ていると、<u>しあわせな</u>気分になる。

  1 貴重な   2 幸福な   3 悲しい   4 楽しい

5 <u>じつは</u>、私はすしが嫌いだ。

  1 思ったことを言うと   2 困ったことを言うと

  3 残念なことを言うと   4 本当のことを言うと

3. つぎのことばの使い方として最もよいものを、1・2・3・4から一つえらびなさい。(2点×5)

1 努力

  1 友達が私に<u>努力</u>してくれたので、試合に勝てた。

  2 次の試合に勝ちたいので、みんな<u>努力</u>している。

  3 ドアが開かないので、強く<u>努力</u>した。

  4 パソコンを使って、作文を<u>努力</u>してください。

2 はかる

  1 友達と今度の日曜日の予定を<u>はかる</u>ことになった。

  2 朝、8時に起きられるように、時計を<u>はかった</u>。

  3 金曜日の夜の7時にレストランの予約を<u>はかった</u>。

  4 勉強するときは、時計を見て、時間を<u>はかっている</u>。

3 高級

1 東京で一番高級なホテルに泊まった。

2 できるだけ高級な大学に入りたいと思う。

3 森田さんは会社で社長の次に高級な人だ。

4 彼は高級なので、日本語を話すのも上手だ。

4 知り合い

1 来週の予定について知り合いをした。

2 テレビで事故のことを知り合いになった。

3 その町に私の知り合いは住んでいない。

4 インターネットで言葉の知り合いを調べた。

5 バランス

1 彼女は、バランスが暗くて、友達が少ない。

2 この花瓶は、バランスが悪くて、倒れやすい。

3 アパートのバランスが壊れたので、直してもらった。

4 今月はお金を使い過ぎて、銀行のバランスが少ない。

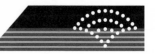

第2回

／25点

1.（ ）に入れるのに最もよいものを、1・2・3・4から一つえらびなさい。（1点×10）

① 日本語が（ ）わかるようになった。

1 いくら 2 きっと 3 ほっと 4 ほぼ

② 夏休みの間も（ ）勉強してください。

1 がっかり 2 しっかり 3 すっきり 4 ぴったり

③ 台風の（ ）が変わったそうだ。

1 コース 2 ゴール 3 スケジュール 4 ストーリー

④ 学生の作文を読んで、（ ）を書いた。

1 ガイド 2 コメント 3 セット 4 マナー

⑤ 1年間、勉強したことは、（ ）にならないと思う。

1 無事 2 無駄 3 無知 4 無理

⑥ 卒業（ ）には家族も呼びたい。

1 会 2 祭 3 式 4 集

⑦ もっと（ ）辞書が欲しい。

1 くわしい 2 くやしい 3 まずしい 4 まぶしい

⑧ 先生の説明を聞いても、（ ）わからなかった。

1 結局 2 突然 3 せっかく 4 間もなく

⑨ 私にもケーキを（ ）おいてください。

1 のこして 2 のばして 3 ゆるして 4 よごして

⑩ 彼女は、注意されても、（ ）しなかった。

1 禁止 2 反省 3 反対 4 防止

2. ＿＿に意味が最も近いものを、1・2・3・4から一つえらびなさい。(1点×5)

1 田中さんはまっかなシャツを着ていた。

1 とてもあかい　　2 とてもかわいい　3 とてもかるい　　4 とてもこい

2 彼はゆたかな家に生まれた。

1 お金がある　　　2 家族が多い　　　3 部屋が多い　　　4 暖房がある

3 試験のことを考えると、不安になる。

1 嫌　　　　　　　2 退屈　　　　　　3 心配　　　　　　4 損

4 子供はみんな、失敗をくりかえしながら大きくなっていきます。

1 いつもしながら　　　　　　　　2 経験しながら

3 何度もしながら　　　　　　　　4 反省しながら

5 学校のきまりを覚えてください。

1 意味　　　　　　2 規則　　　　　　3 習慣　　　　　　4 場所

3. つぎのことばの使い方として最もよいものを、1・2・3・4から一つえらびなさい。(2点×5)

1 割引

1 夕方、その店に行くと、何でも割引してくれる。

2 汚いものは、割引して、捨てなければならない。

3 一つしかなかったので、割引して、二人で食べた。

4 冬の服は、もう着ないので、割引して、棚にしまった。

2 まよう

1 今日は、母からもらった服をまよっている。

2 来年、大学に行くかどうか、まよっている。

3 新しいゲームを買ってきて、一日中まよっている。

4 お酒を飲み過ぎて、まだ、頭がまよっている。

③ 経営

1 友達が誕生日パーティーを経営してくれた。

2 計画を経営するにはお金が必要だ。

3 部長は会議を経営するのが上手だ。

4 将来はレストランを経営したいと思う。

④ いのち

1 赤ちゃんが生まれたので、いのちを付けた。

2 彼は彼女と結婚するいのちだったのだ。

3 社長のいのちは聞かなければならない。

4 早く病院に行かないと、いのちが危険だ。

⑤ 出張

1 自分の意見を出張することが大切だ。

2 宿題を先生に出張するのを忘れた。

3 仕事でフランスに出張することになった。

4 自分が書いた本を出張することになった。

著者
伊能裕晃　　東京学芸大学留学生センター特任准教授
本田ゆかり　東京外国語大学大学院総合国際学研究院特別研究員、博士（学術）
来栖里美　　エース語学学院専任講師
前坊香菜子　NPO 法人日本語教育研究所研究員
　　　　　　高崎経済大学、聖学院大学、武蔵野大学非常勤講師

翻訳
英語　Ian Channing
中国語　田蕊　郑文全

イラスト
山本和香

装丁・本文デザイン
糟谷一穂

新完全マスター語彙　日本語能力試験N3

2017 年 9 月 1 日　初版第 1 刷発行
2021 年 1 月 28 日　第 5 刷 発 行

著　　者　　伊能裕晃　本田ゆかり　来栖里美　前坊香菜子
発行者　　藤嵜政子
発　　行　　株式会社スリーエーネットワーク
　　　　　　〒102-0083　東京都千代田区麹町 3 丁目 4 番
　　　　　　　　　　　　トラスティ麹町ビル 2F
　　　　　　電話　営業　03（5275）2722
　　　　　　　　　編集　03（5275）2725
　　　　　　https://www.3anet.co.jp/
印　　刷　　萩原印刷株式会社

新完全マスター語彙　語彙

日本語能力試験　N3

別冊

かい　　とう
解　答

スリーエーネットワーク

実力養成編　第1部　話題別に言葉を学ぼう

1課　人間関係1：家族と友達、性格　　　　　　　　　　　　P2〜P5

Ⅰ．言葉を覚えよう ≫

1-3　(1) 一人っ子　(2) 仲　(3) 末っ子　(4) そっくり　(5) 親しい　(6) 孫

2-3　(1) ユーモア　(2) 子供っぽい　(3) 冗談　(4) だらしない　(5) 自慢　(6) 性格

Ⅱ．練習しよう ≫

1　(1) 長男　(2) 夫婦　(3) 男っぽい　(4) 親戚　(5) いとこ

2　(1) 正直　(2) 素直　(3) きちんとした　(4) 積極的　(5) わがまま

3　(1) a　(2) b　(3) b　(4) b　(5) a

4　(1)①c　②a　③b　(2)①a　②b　③c

5　①おちついた (落ち着いた)　②こどもっぽい (子供っぽい)

　③おもいやり (思いやり)　④おとなしい (大人しい)　⑤じょうだん (冗談)

　⑥なか (仲)　⑦ふうふ (夫婦)　⑧わがままな　⑨だらしない

2課　人間関係2：付き合い、気持ち　　　　　　　　　　　　P6〜P9

Ⅰ．言葉を覚えよう ≫

1-3　(1) 誘う　(2) 独身　(3) たたく　(4) 離婚　(5) 態度

2-3　(1) 不安　(2) 感謝　(3) 不満　(4) 希望　(5) 満足

Ⅱ．練習しよう ≫

1　(1) 迷う　(2) 腹が立つ　(3) 恐怖　(4) びっくり　(5) がっかり

2　(解答例)　(2)→(1)→(3)→(5)→(9)→(4)→(8)→(6)→(7)

3　(1) びっくり　(2) 慌てて　(3) 断る　(4) 望んで／希望して

4　(1)①c　②b　③a　(2)①b　②c　③a

5　①きぼう (希望)　②ふあん (不安)　③びっくり　④のぞんで (望んで)

　⑤なやんだ (悩んだ)　⑥であった (出会った)　⑦かんしゃ (感謝)

　⑧まんぞく (満足)

3課　生活1：毎日の生活　　　　　　　　　　　　　　　　　P10〜P13

Ⅰ．言葉を覚えよう ≫

1-3　(1) アイロン　(2) 床　(3) 汚す　(4) リサイクル　(5) 動かす　(6) 家事

　(1) えさ　(2) あくび　(3) 帰宅（きたく）　(4) 電池（でんち）　(5) 涙（なみだ）

Ⅱ. 練習（れんしゅう）しよう ≫

1 （解答例（かいとうれい））

(1) 食器（しょっき）を洗（あら）わなければならない。

(2) 掃除機（そうじき）をかけなければならない。

(3) テーブルを拭（ふ）かなければならない。

(4) 布団（ふとん）を畳（たた）まなければならない。

(5) 服（ふく）をしまわなければならない。

2 (1) 修理（しゅうり）　(2) 退屈（たいくつ）　(3) 覚（さ）めた　(4) 調子（ちょうし）　(5) 家具（かぐ）

3 (1) b　(2) a　(3) b　(4) b　(5) a

4 (1) ①c　②a　③b　(2) ①b　②c　③a

5 ①さめて（覚めて）　②すいみん（睡眠）　③あくび　④もうふ（毛布）

　⑤きたく（帰宅）　⑥ちこく（遅刻）　⑦ちょうしょく（朝食）　⑧かぐ（家具）

　⑨うごかして（動かして）　⑩そうじき（掃除機）

4課　生活（せいかつ）2：食生活（しょくせいかつ）　　　　　　　　　　　　　　P14～P17

Ⅰ. 言葉（ことば）を覚（おぼ）えよう ≫

1-3　(1) 生（なま）　(2) 香（かお）り　(3) 軟（やわ）らかい　(4) 材料（ざいりょう）　(5) 油（あぶら）

2-3　(1) 舌（した）　(2) 酔（よ）う　(3) 火傷（やけど）　(4) からから　(5) 食費（しょくひ）

Ⅱ. 練習（れんしゅう）しよう ≫

1 （解答例（かいとうれい））

(1) リンゴの皮（かわ）をむく。　　(2) 砂糖（さとう）とレモン汁（じる）を加（くわ）える。

(3) 鍋（なべ）で20分（ぷん）ぐらい煮（に）る。　(4) 容器（ようき）に移（うつ）す。

(5) 冷蔵庫（れいぞうこ）に入（い）れて、保存（ほぞん）する。

2 (1) ①a　②b　③c　(2) ①b　②c　③a

3 (1) b　(2) b　(3) a　(4) b　(5) b

4 (1) c　(2) e　(3) a　(4) b　(5) d

5 ①ちゅうもん（注文）　②なま（生）　③こうきゅう（高級）　④メニュー　⑤マナー

　⑥しはらい（支払い）　⑦のこして（残して）　⑧かんぱい（乾杯）　⑨ついか（追加）

　⑩よって（酔って）

Ⅰ．言葉を覚えよう ≫

`1-3` (1) 土地　(2) 完成　(3) 工事　(4) デザイン　(5) 設計　(6) 地下

`2-3` (1) 商店街　(2) 家賃　(3) 付き　(4) 傷　(5) 当たる　(6) 影

Ⅱ．練習しよう ≫

1 (1) ① 6　② 南　③ 風呂・トイレ　④ いい／よい

(2) ① 部屋は3畳　② 窓は北向き　③ 風呂・トイレなし　④ 日当たりは悪い

2 (1) 中心　(2) 建設　(3) インテリア　(4) かなり　(5) 引っ越し

3 (1) a　(2) b　(3) b　(4) a　(5) b

4 (1) ① c　② a　③ b　(2) ① c　② b　③ a

5 ① じたく（自宅）　② かなり　③ かんせい（完成）　④ たって（建って）　⑤ マンション

⑥ ちゅうしん（中心）　⑦ しょうてんがい（商店街）　⑧ ちく（地区）　⑨ むき（向き）

⑩ あたり（当たり）　⑪ せっけい（設計）　⑫ なし　⑬ スペース　⑭ かぐ（家具）

⑮ かち（価値）

実力を試そう（1課〜5課）　　　　　　　　　　　　　　　　　**P22〜P23**

1. □1 4　□2 3　□3 1　□4 4　□5 3　□6 1　□7 3　□8 4
2. □1 2　□2 2　□3 3　□4 3
3. □1 1　□2 4　□3 3　□4 4

Ⅰ．言葉を覚えよう ≫

`1-3` (1) しわ　(2) クリーム　(3) 外食　(4) 美容院　(5) まったく

`2-3` (1) 筋肉　(2) 体操　(3) 息　(4) 普段　(5) 禁煙

Ⅱ．練習しよう ≫

1 ① 姿勢　② しわ　③ みっともない　④ 雰囲気・まったく　⑤ 髪　⑥ 肌

⑦ スタイル／姿勢　⑧ 濃い

2 (1) 伸ばし　(2) 無駄　(3) 意志　(4) 全身　(5) 中年

3 (1) a　(2) a　(3) b　(4) a　(5) b

4 (1) ① a　② c　③ b　(2) ① b　② a　③ c

5 ①いき (息)　②あせ (汗)　③たいりょく (体力)　④いし (意志)　⑤じしん (自信)

　　⑥こうか (効果)　⑦しせい (姿勢)　⑧きんにく (筋肉)　⑨スタイル

　　⑩ふだん (普段)　⑪がいしょく (外食)　⑫カロリー　⑬けんこう (健康)

　　⑭はだ (肌)　⑮ふんいき (雰囲気)

7課　体2：病気　　　　　　　　　　　　　　　　P 28～P 31

I. 言葉を覚えよう ≫

[1-3]　(1) 測る　(2) 冷やす　(3) 薬局　(4) 火傷　(5) マスク

[2-3]　(1) 回復　(2) お見舞い　(3) ガン　(4) 助かる　(5) 異常

II. 練習しよう ≫

1　(1) b　(2) a　(3) a　(4) b　(5) a　(6) a

2　(1) ①a　②c　③b　(2) ①c　②a　③b

3　(1) 痛み　(2) 苦しむ　(3) 温める　(4) 感じ　(5) 助ける

4　(1) 検査　(2) 発見　(3) 清潔　(4) ほぼ

5　(1) e　(2) c　(3) a　(4) b　(5) d

6　①たいおん (体温)　②はかり (測り)　③じょうたい (状態)　④けんさ (検査)

　　⑤いたみ (痛み)　⑥がまん (我慢)　⑦かかって　⑧かいふく (回復)

8課　趣味と旅行1：スポーツ、芸術　　　　　　　P 32～P 35

I. 言葉を覚えよう ≫

[1-3]　(1) ボ ー ル ＿　　　　　　(2) チ ー ム ＿

　　　　(3) ト ＿ レ ー ニ ン グ ＿　(4) ト ッ プ ＿

　　　　(5) ゴ ー ル ＿　　　　　　(6) コ ー ス ＿

[2-3]　(1) 楽器　(2) 表現　(3) 才能　(4) 感想　(5) 絵画　(6) ストーリー

II. 練習しよう ≫

1　(1) b　(2) a　(3) a　(4) b　(5) b

2　(1) 演奏　(2) 優勝　(3) 開始　(4) 感情　(5) 出場　(6) トレーニング

3　(1) d　(2) b、c　(3) a　(4) b、d　(5) b　(6) c　(7) b

4　(1) ①b　②a　③c　(2) ①a　②c　③b　(3) ①c　②a　③b

5　①おすすめ (お勧め)　②さいのう (才能)　③かんとく (監督)　④にんき (人気)

　　⑤はいゆう (俳優)　⑥じょゆう (女優)　⑦トレーニング　⑧だいひょう (代表)

⑨しゅつじょう（出場）　⑩ゆうしょう（優勝）　⑪ストーリー　⑫がっき（楽器）

⑬えんそう（演奏）　⑭さくひん（作品）

9課　趣味と旅行2：ファッション　　　　　　　　　　　　P 36〜P 39

I．言葉を覚えよう ≫

1-3　(1) きつい　(2) 試着　(3) 袖　(4) 着替える　(5) デザイン

2-3　(1) 服装　(2) 真っ赤／派手　(3) 模様　(4) 地味

II．練習しよう ≫

1　(1) a　(2) b　(3) a　(4) b　(5) b

2　(1) ぴったり　(2) 無地　(3) 合わせた　(4) 緩い　(5) 最新　(6) 関心

3　(1)①b　②a　③c　(2)①a　②b　③c　(3)①c　②b　③a

4　(1) ×　(2) ○　(3) ×　(4) ×　(5) ×　(6) ×

5　①しちゃく（試着）　②サイズ　③きつくて　④そで（袖）　⑤オレンジ　⑥ピンク

⑦はで（派手）　⑧ぴったり

10課　趣味と旅行3：旅行　　　　　　　　　　　　P 40〜P 43

I．言葉を覚えよう ≫

1-3　(1) ガイド　(2) 予算　(3) 休憩　(4) キャンセル

2-3　(1) 満員　(2) 無事　(3) 国内線

II．練習しよう ≫

1　(1) b　(2) a　(3) b　(4) a

2　(1) 検査　(2) ドライブ　(3) 集合　(4) くたびれた　(5) 風景　(6) 到着

3　(1)①d　②a　③b　④c　(2)①b　②a　③d　④c

4　(1)①b　②c　③a　(2)①c　②a　③b　(3)①c　②b　③a

5　①ぶじ（無事）　②とうちゃく（到着）　③くたびれ　④いどう（移動）

⑤どうろ（道路）　⑥じゅうたい（渋滞）　⑦のろのろ　⑧よって（酔って）

⑨きゅうけい（休憩）　⑩かんこう（観光）　⑪おもいで（思い出）

⑫おみやげ（お土産）

実力を試そう（6課〜10課）　　　　　　　　　　　　P 44〜P 45

1．□1 3　□2 3　□3 2　□4 1　□5 4　□6 1　□7 1　□8 1

2. 1 1　2 1　3 3　4 4

3. 1 4　2 1　3 3　4 3

11課　教育1：学校生活（小中高）　　　　　　　　　　P 46〜P 49

Ⅰ. 言葉を覚えよう ≫

1-3　(1) 居眠り　(2) 学期　(3) プリント　(4) 部／クラブ

2-3　(1) 満点　(2) スピーチ　(3) 単語　(4) 内容　(5) 初級

Ⅱ. 練習しよう ≫

1　(1) a　(2) b　(3) a　(4) b　(5) b

2　(1) 通学　(2) 習って／教わって　(3) 暗記　(4) おしゃべり　(5) 遅刻　(6) 理解

3　(1) ①c ②b ③a　(2) ①b ②a ③c　(3) ①a ②c ③b

4　(1) に　(2) を　(3) に　(4) に　(5) に／から、を　(6) で、に／へ　(7) に／へ、を

(8) と、を　(9) で、を

5　①つうがく（通学）　②ちこく（遅刻）　③けっせき（欠席）　④とくい（得意）

⑤にがて（苦手）　⑥せいせき（成績）　⑦がくねん（学年）　⑧クラブ

⑨おそわって（教わって）　⑩まんてん（満点）　⑪ないよう（内容）

⑫りかい（理解）　⑬いねむり（居眠り）

12課　教育2：学校生活（大学）　　　　　　　　　　P 50〜P 53

Ⅰ. 言葉を覚えよう ≫

1-3　(1) 国立　(2) 不合格　(3) 結果　(4) 解答

2-3　(1) 提出　(2) 留学　(3) サークル　(4) 卒業論文／卒論　(5) アドバイス／コメント

Ⅱ. 練習しよう ≫

1　(1) b　(2) b　(3) a　(4) b　(5) b

2　(1) 一人暮らし　(2) 努力　(3) 徹夜　(4) 受験　(5) 確認　(6) 課題

3　(1) ①b ②a ③c　(2) ①b ②c ③a　(3) ①a ②b ③c

4　(1) b　(2) d　(3) e　(4) a　(5) c

5　①りゅうがく（留学）　②じゅけん（受験）　③てつや（徹夜）

④まちがった（間違った）　⑤ミス　⑥ごうかく（合格）　⑦アドバイス

⑧こくりつ（国立）　⑨しりつ（私立）　⑩がくひ（学費）　⑪りょう（寮）

13課　仕事1：仕事

Ⅰ．言葉を覚えよう ≫

[1-3] (1) 生年月日　(2) 募集　(3) 免許　(4) 履歴書　(5) 就職

[2-3] (1) 通勤　(2) ボーナス　(3) 給料　(4) 販売　(5) 時給／給料

Ⅱ．練習しよう ≫

1 (1) b　(2) a　(3) b　(4) a　(5) b

2 (1) 記者　(2) モデル　(3) 看護師　(4) 公務員　(5) 政治家　(6) 職人

3 (1) 残業　(2) きつい　(3) スケジュール　(4) 出勤　(5) 深夜

4 (1)①c　②b　③a　(2)①b　②a　③c

5 ①しゅうしょく(就職)　②スタッフ　③ぼしゅう(募集)　④りれきしょ(履歴書)

　　⑤めんせつ(面接)　⑥めんきょ(免許)　⑦しかく(資格)　⑧しょるい(書類)

　　⑨しりょう(資料)　⑩せいり(整理)　⑪やめ(辞め)　⑫さぎょう(作業)

　　⑬しじ(指示)　⑭ついて(就いて)

14課　仕事2：コンピューター、郵便、電話など

Ⅰ．言葉を覚えよう ≫

[1-3] (1) インターネット　　(2) ス＿イッチ

　　(3) ク＿リック　　(4) ホーム＿ページ

　　(5) サービ＿ス　　(6) パ＿ス＿ワード

[2-3] (1) 届く　(2) マナー　(3) 配達　(4) メッセージ　(5) 切れる

Ⅱ．練習しよう ≫

1 (1) b　(2) b　(3) a　(4) b　(5) b

2 (1)①a　②c　③b　(2)①c　②a　③b　(3)①a　②b　③c

3 (1) パスワード　(2) ファックス　(3) マナー　(4) マウス

4 (1) 郵送　(2) つながり　(3) しゃべった　(4) 電源

5 (1) ○　(2) ○　(3) ×　(4) ○　(5) ○　(6) ×

6 ①チェック　②スイッチ　③ファイル　④かくにん(確認)　⑤れんらく(連絡)

　　⑥けいたいでんわ(携帯電話)　⑦メッセージ　⑧のこす(残す)

1. ① 4　② 3　③ 4　④ 2　⑤ 3　⑥ 3　⑦ 3　⑧ 1
2. ① 1　② 2　③ 4　④ 1
3. ① 4　② 4　③ 4　④ 3

15課　社会1：事件、事故　　　　　　　　　　　P64〜P67

Ⅰ. 言葉を覚えよう ≫

1-3　(1) エ　(2) ウ　(3) ア　(4) イ

2-3　(1) ブレーキ　(2) 防ぐ　(3) 起こる　(4) 信号　(5) 歩道　(6) スピード

Ⅱ. 練習しよう ≫

1 (1) b　(2) b　(3) b　(4) b　(5) a　(6) b　(7) a

2 ①事件　②犯人　③奪って　④撃った　⑤逮捕　⑥殴られた

3 (1) 調査　(2) 気を付け　(3) トラブル　(4) 逮捕

4 (1) ①c　②b　③a　(2) ①b　②c　③a

5 ①ようす(様子)　②ころされる(殺される)　③じけん(事件)　④だまして

⑤うけとって(受け取って)　⑥あやしい(怪しい)　⑦ころした(殺した)

⑧みとめて(認めて)

16課　社会2：政治、経済　　　　　　　　　　　P68〜P71

Ⅰ. 言葉を覚えよう ≫

1-3　(1) 権利　(2) 投票　(3) 責任　(4) 平等　(5) デモ　(6) 国民

2-3　(1) 売れる　(2) 料金　(3) ただ／無料　(4) 貧しい　(5) 節約

Ⅱ. 練習しよう ≫

1 (1) b　(2) a　(3) b　(4) b　(5) a

2 (1) マスコミ　(2) 物価　(3) 借金　(4) 値下げ　(5) 無料　(6) 戦って

3 無〜：責任　批判　不〜：平等　公平　安定　景気

4 (1) ①a　②b　③c　(2) ①b　②c　③a

5 (3)→(2)→(6)→(5)→(4)→(1)

6 ①せんきょ(選挙)　②ぜいきん(税金)　③りょうきん(料金)　④むりょう(無料)

⑤まずしい(貧しい)　⑥こうへい(公平)　⑦けんり(権利)　⑧まもる(守る)

⑨びょうどう（平等）　⑩じつげん（実現）　⑪とうひょう（投票）

17課　社会3：行事、宗教　　　　　　　　　　P72〜P75

Ⅰ. 言葉を覚えよう ≫

1-3　(1) お祝い　(2) 年末年始　(3) 祝う　(4) 贈る　(5) 成人　(6) 飾り

2-3　(1) 当たる　(2) 運　(3) 平和　(4) 願う　(5) 宗教／神　(6) 墓

Ⅱ. 練習しよう ≫

1　(1) a　(2) b　(3) a　(4) a

2　(1) ラッキー　(2) 参加　(3) 贈る　(4) 幸福　(5) 未来　(6) 合わせる

3　〜会：運動　研究　誕生　発表　勉強　〜式：結婚　成人　卒業　入学

4　(1)①b　②c　③a　(2)①c　②b　③a

5　(1) ×　(2) ○　(3) ×　(4) ×　(5) ○　(6) ○

6　①しゅうきょう（宗教）　②しんじて（信じて）　③たんじょう（誕生）

④いわう（祝う）　⑤けっこんしき（結婚式）　⑥あげる（挙げる）　⑦クリスマス

⑧そうしき（葬式）　⑨はか（墓）　⑩うらない（占い）　⑪うらなう（占う）

18課　自然1：季節と天気、地理　　　　　　　P76〜P79

Ⅰ. 言葉を覚えよう ≫

1-3　(1) まぶしい　(2) 虹　(3) 超える　(4) 四季　(5) パーセント

2-3　(1) 湖　(2) あふれる　(3) 都会　(4) 火山　(5) 大陸　(6) 農業

Ⅱ. 練習しよう ≫

1　(1) b　(2) a　(3) b　(4) a　(5) b

2　(1) 乾燥　(2) 蒸し暑い　(3) 近付い　(4) ふるさと　(5) 太陽　(6) 爽やか

3　(1)①b　②c　③a　(2)①c　②a　③b

4　(1)①d　②c　③b　④a　(2)①c　②d　③b　④a　(3)①d　②b　③c　④a

5　①こきょう（故郷）　②ちいき（地域）　③ちほう（地方）　④とかい（都会）

⑤みずうみ（湖）　⑥はなれて（離れて）　⑦なつかしい（懐かしい）

⑧うかぶ（浮かぶ）　⑨しずむ（沈む）　⑩ながめ（眺め）

Ⅰ. 言葉を覚えよう ≫

1-3 (1) 当たる　(2) 新鮮　(3) 果実　(4) 散る　(5) 芽

2-3 (1) 3匹の猿　(2) 2羽の鶏　(3) 1頭の牛

　　　(4) 1匹の猫　(5) 2匹の魚　(6) 3匹の蚊

Ⅱ. 練習しよう ≫

1 (1) a　(2) a　(3) a　(4) b　(5) a　(6) b

2 (1) 伸び　(2) 減って　(3)①禁止　②捕っ　(4) 豊富

3 (1)①a　②c　③b　(2)①c　②b　③a

4 ①種　②植えれば　③採れる　④育てた　⑤出て　⑥伸びて　⑦採って

　　⑧当たって　⑨計画　⑩当たり　⑪冷やそう　⑫刺し　⑬当たり

1. 1 3　2 1　3 3　4 2　5 4　6 3　7 4　8 1

2. 1 1　2 2　3 3　4 1

3. 1 2　2 1　3 4　4 3

Ⅰ. 言葉を覚えよう ≫

1-2 (1) 余裕　(2) 減らす　(3) 減る　(4) 余る　(5) 倍　(6) 量る

2-2 (1) 最低　(2) サイズ　(3) 最大　(4) 合計　(5) 加える　(6) すべて

Ⅱ. 練習しよう ≫

1 (1) b　(2) b　(3) a　(4) a　(5) b

2 (1) ×　(2) ×　(3) ○　(4) ×　(5) ×

3 (1) 面積　(2) 不足している　(3) 増やし　(4) マイナス　(5) 全員

4 (1)①b　②a　③c　(2)①c　②b　③a

5 ①しょうしょう（少々）　②サイズ　③くわえて（加えて）　④へらす（減らす）

　　⑤にんずう（人数）　⑥ふやす（増やす）　⑦プラス　⑧あまった（余った）

Ⅰ. 言葉を覚えよう ≫

[1-2] (1) 日付　(2) 延期　(3) 経つ　(4) 期限　(5) 日中　(6) アラーム

[2-2] (1) 以後　(2) 突然　(3) 前日　(4) 当日　(5) 今回

Ⅱ. 練習しよう ≫

1　(1) a　(2) b　(3) b　(4) b　(5) a

2

前のこと		後のこと
（昨日）	（今日）	明日
先週	（今週）	（来週）
先月	（今月）	来月
昨年／去年	今年	（来年）
（前回）	今回	次回
（過去）	現在	未来
（前日）	当日	翌日

3　(1) 前後　(2) 翌日　(3) 突然　(4) 間もなく　(5) 平日　(6) 過去

4　(1) ①c　②b　③a　(2) ①b　②c　③a

5　①たんき（短期）　②へいじつ（平日）　③にってい（日程）　④しゅうまつ（週末）

　　⑤きかん（期間）　⑥にっちゅう（日中）　⑦やかん（夜間）　⑧にちじ（日時）

　　⑨ちょうき（長期）

実力を試そう（20課〜21課） じつりょく　ため　か　か　　　　　　　　　　P 94〜P 95

1. [1] 2　[2] 3　[3] 4　[4] 3　[5] 1　[6] 1　[7] 1　[8] 3

2. [1] 3　[2] 2　[3] 2　[4] 2

3. [1] 4　[2] 1　[3] 3　[4] 4

実力養成編　第2部　性質別に言葉を学ぼう

1課　和語動詞
P 98〜P 101

Ⅰ. 言葉を覚えよう ≫

1-2　(1) 頼る　(2) 目立つ　(3) 冷める　(4) 代わる　(5) くっつく　(6) 浮く

2-2　(1) 延ばす　(2) 示す　(3) 囲む　(4) 求める　(5) 過ごす

Ⅱ. 練習しよう ≫

1 (1) が　たまる　(2) が　かがやく　(3) を　くう　(4) を　かさねる　(5) が　はえる
(6) が　きく　(7) を　かたる

2 (1) あつかって　(2) だまって　(3) あきて　(4) にぎって　(5) もえて
(6) いじめられて　(7) めざして　(8) このんで

3 (1) を、で　(2) を　(3) を、で　(4) で、を　(5) で、に／へ　(6) を　(7) と
(8) を、で

Ⅱ. 実力を試そう ≫

1. 1 1　2 3　3 3　4 1

2. 1 4　2 3

3. 1 3　2 1

2課　漢語動詞
P 102〜P 105

Ⅰ. 言葉を覚えよう ≫

1-2　(1) 評価　(2) 印刷　(3) 製造　(4) 防止

2-2　(1) 違反　(2) 引退　(3) 存在　(4) 翻訳　(5) 発展

Ⅱ. 練習しよう ≫

1 (1) ①a　②c　③b　(2) ①c　②a　③b　(3) ①b　②a　③c

2 (1) を　(2) に　(3) と　(4) を　(5) と、を　(6) に、が　(7) に／と

3 (1) a　(2) b　(3) b、c　(4) c　(5) a、b

Ⅱ. 実力を試そう ≫

1. 1 3　2 1　3 1　4 3

2. 1 2　2 1

3. 1 4　2 2

Ⅰ. 言葉を覚えよう 》〔ことば〕〔おぼ〕

　　1-2　(1) 詳しい〔くわ〕　(2) 貧しい〔まず〕　(3) 鈍い〔にぶ〕　(4) もったいない

　　2-2　(1) 平気〔へいき〕　(2) 夢中〔むちゅう〕　(3) わがまま　(4) 無事〔ぶじ〕　(5) 迷惑〔めいわく〕　(6) 素敵〔すてき〕　(7) 地味〔じみ〕

Ⅱ. 練習しよう 》〔れんしゅう〕

　　1　(1) 派手〔はで〕　(2) 鈍い〔にぶ〕　(3) 意地悪〔いじわる〕　(4) 怪しい〔あや〕

　　2　(1) d　(2) e　(3) c　(4) f　(5) b　(6) a

　　3　(1) 社会、国、生活〔しゃかい〕〔くに〕〔せいかつ〕　(2) 服、眼鏡、お店〔ふく〕〔めがね〕〔みせ〕　(3) 男、話し方、運転〔おとこ〕〔はな〕〔かた〕〔うんてん〕
　　　　(4) 意見、質問、ナイフ〔いけん〕〔しつもん〕　(5) 天気、性格、人〔てんき〕〔せいかく〕〔ひと〕

Ⅱ. 実力を試そう 》〔じつりょく〕〔ため〕

1.　1 4　2 1　3 3　4 2

2.　1 3　2 1

3.　1 2　2 4

Ⅰ. 言葉を覚えよう 》〔ことば〕〔おぼ〕

　　1-2　(1) たまに　(2) ともかく／とにかく　(3) 実は〔じつ〕　(4) 確か〔たし〕

　　2-2　(1) 何で〔なん〕　(2) いくら　(3) まさか

Ⅱ. 練習しよう 》〔れんしゅう〕

　　1　(1) ① b　② c　③ a　(2) ① c　② b　③ a　(3) ① b　② a　③ c

　　2　(1) a　(2) b　(3) a　(4) a　(5) b　(6) a　(7) b

　　3　(1) ③②④①　(2) ②④①③　(3) ③②④①　(4) ②③④①

Ⅱ. 実力を試そう 》〔じつりょく〕〔ため〕

1.　1 2　2 2　3 4　4 3

2.　1 2　2 4

3.　1 1　2 1

Ⅰ. 言葉を覚えよう 》〔ことば〕〔おぼ〕

　　1-2　(1) そっと　(2) ぺらぺら　(3) こっそり　(4) ぐっすり

(1) がらがら　(2) ぐらぐら　(3) しんと／しいんと　(4) たっぷり　(5) しっかり

II. 練習しよう ≫

1 (1) ①b　②c　③a　(2) ①c　②b　③a　(3) ①b　②a　③c

2 (1) ①c　②a　③b　(2) ①b　②a　③c　(3) ①c　②a　③b　(4) ①a　②c　③b

3 (1) c　(2) a　(3) b　(4) a　(5) c

II. 実力を試そう ≫

1. ① 2　② 2　③ 2　④ 2

2. ① 4　② 3

3. ① 3　② 2

6課　間違えやすい漢語　　　　　　　　　P118〜P121

I. 言葉を覚えよう ≫

1-2　(1) 最終　(2) 頭痛　(3) 最新　(4) 実際　(5) 混乱

2-2　(1) 出身　(2) 理想　(3) 感動

II. 練習しよう ≫

1 (1) c　(2) a　(3) a　(4) c　(5) b　(6) b、c　(7) b

2 (1) e　(2) c　(3) b　(4) e　(5) d　(6) a　(7) e　(8) c

3 (1) 安定すれば／安定したら　(2) 混雑していた　(3) 基本的な／基本の　(4) 一部の
　　(5) 一致した　(6) 現実的な

II. 実力を試そう ≫

1. ① 1　② 4　③ 3　④ 4

2. ① 3　② 3

3. ① 3　② 1

7課　言い換え類義　　　　　　　　　　P122〜P125

I. 言葉を覚えよう ≫

1-2　(1) わけ　(2) 短所／欠点　(3) プラン　(4) 誤り／間違い

2-2　(1) 当然／当たり前　(2) にこにこ　(3) 再び　(4) この頃　(5) そっくり

II. 練習しよう ≫

1 (1) ①小さい　②プラン　③必ず　④レベル　⑤決まり
　　(2) ①交換する　②注意する　③戻す　④やめる　⑤疲れる

(3) ①生活　②誤り　③相当　④年中　⑤イメージ

(4) ①できるだけ　②同じところ　③さっき　④やり直す　⑤いいところ

2　(1)を　(2)で／に　(3)に／へ　(4)に／と

3　（解答例）

(1) ①ぼんやりしている　②当然の　③気に入った

(2) ①賢い　②にこにこしていて　③きつく

(3) ①突然の　②苦し　③許可された

Ⅱ. 実力を試そう ≫

1. ［1］4　［2］1　［3］1　［4］1　［5］1　［6］4　［7］4　［8］4　［9］3　［10］2　［11］3　［12］3

8課　語形成　　　　　　　　　　　　　P 126～P 129

Ⅰ. 言葉を覚えよう ≫

［1-2］　(1) 出来上がる　(2) 打ち合わせ　(3) 見直す　(4) 待ち合わせ

［2-2］　(1) 片　(2) 向き　(3) 元　(4) 沿い　(5) 大　(6) 風　(7) 行き

Ⅱ. 練習しよう ≫

1　(1) ①人口、問題、学生　②成功、満足、都会　③週、晩、冬

(2) ①毎　②着　③産　(3) ①受け取る　②繰り返す　③区切る

(4) ①申し込む　②通り過ぎる　③取り消す

2　(1)に　(2)に　(3)で　(4)で　(5)に　(6)で　(7)の　(8)に　(9)に／と　(10)が

3　(1)①c　②a　③b　(2)①c　②a　③b

Ⅱ. 実力を試そう ≫

1. ［1］4　［2］1　［3］1　［4］3

2. ［1］3　［2］2

3. ［1］4　［2］3

模擬試験

第1回　　　　　　　　　　　　　　　P 132～P 134

1. ［1］3　［2］3　［3］1　［4］1　［5］3　［6］2　［7］1　［8］3　［9］2　［10］3

2. ［1］4　［2］3　［3］2　［4］2　［5］4

3. ［1］2　［2］4　［3］1　［4］3　［5］2

1. ①4　②2　③1　④2　⑤2　⑥3　⑦1　⑧1　⑨1　⑩2

2. ①1　②1　③3　④3　⑤2

3. ①1　②2　③4　④4　⑤3